50 EXERCICES POUR

ÉDUQUER SON HOMME

Groupe Eyrolles
61, Bd Saint-Germain
75240 Paris Cedex 05

www.editions-eyrolles.com

Avec la collaboration de Charline Malaval

Tonnie Soprano et Billie Alto

50 EXERCICES POUR

ÉDUQUER
SON HOMME

EYROLLES

Sommaire

Préliminaires : bourreaucrate ou laxative ?

Vous êtes célibataire, fraîchement en couple, mariée depuis dix ans, sur le point d'imploser ? Qu'importe, ce manuel de survie est fait pour vous, Madame, et pour vous, Monsieur, qui avez un compagnon.

Ce dernier vous tape sur le système ? Il se soulage de préférence sur la lunette, sort des toilettes les mains souillées pour engloutir le camembert sans vous en proposer, et prétend vous tapisser la glotte sauvagement juste après ? Les pages qui suivent vous concernent. Monsieur, il vous suffira de passer les exercices sur l'accouchement et de ne pas vous offusquer d'être appelé Madame tout au long de l'ouvrage. Mais pour installer votre couple dans l'harmonie, avec un homme parfaitement éduqué, que vous pourriez sortir en toutes circonstances sans crainte, et même – osons l'affirmer – avec un tant soi peu de fierté, que ne seriez-vous prêt(e) à supporter ? Faites appel à la part féminine qui est en vous et tout ira pour le mieux.

Depuis que la femme a gagné son indépendance financière et qu'on lui a octroyé une âme en plus du droit de vote, le couple bat de l'aile, le couple va mal. Comment s'épanouir auprès d'un homme déboussolé, qui ne trouve plus dans sa compagne le prolongement naturel de sa mère : serviabilité, dévotion, sacrifice extrême (ceci vous concerne aussi Monsieur, soyez donc attentif) ? De quelle manière l'engager sur la voie qui lui permettra de sortir la tête haute du potentat pour se diriger vers le placard à balais et l'ouvrir de son propre chef, *sans que vous ayez besoin de le lui demander* ? Comment transmettre un savoir-être primordial à cet éternel adolescent musculeux aux appétits primaires – enfin, on vous le souhaite – et à l'arrogance mal domptée ? Comment lui indiquer la voie du savoir-aimer et du vivre-en-couple ?

Autant de questions qui restent sans réponse à ce jour, autant de drames conjugaux encore inévitables. Des balbutiements apparaissent ici et là : partage, égalité, bienveillance… Bien, mais comment mettre en application ce qui, autrement, pourrait bien se figer en louables intentions ? Comment réussir à éduquer son homme une bonne fois pour toutes ?

Madame (et vous aussi Monsieur, mais là, c'est la dernière fois qu'on vous le dit), une seule possibilité s'ouvre à vous : mettez-vous à sa place !

Halte-là ! Que faites-vous vautrée sur le canapé, la Play soudée aux poignets, des canettes de bière tiède à vos pieds ? Vous voici bien prompte à reproduire des schémas ancestraux. Quand on vous dit : « Mettez-vous à sa place ! », il s'agit de le faire mé-ta-pho-ri-que-ment. Pensez comme lui, vous qui souffrez d'être incomprise. Vous voulez qu'il change de comportement ? Montrez-lui l'exemple. Investissez-le de *l'intérieur*. Pour cela, faites appel à la part masculine qui ronfle en vous.

Les deux spécialistes qui ont rédigé ce manuel incontournable traînent des années de pratique dans leurs besaces. L'homme au sein du couple n'a plus de secrets pour elles, raison pour laquelle elles ont vigoureusement opté pour un célibat équitable et durable. Mais ceci est une tout autre histoire… (Pour les cas désespérés, se reporter au dernier chapitre).

Il s'agit maintenant de suivre quotidiennement, et sans sauter une seule étape, le PÉH (Plan d'Éducation de l'Homme) qui a été pensé pour vous. Tendance bourreaucrate ou plutôt laxative ? Vous le découvrirez en suivant le guide.

Ne partez pas sans votre équipement : de l'équilibre en toute chose (sauf cas de force majeure où cet art habilement pratiqué fait des merveilles), une légère pointe d'humour qui sauvera toutes les situations (ou presque), un brin d'indulgence et le sens de l'à-propos.

Ce paquetage vous sera précieux quand vous découvrirez que l'Homme de Votre Vie – votre HVV – s'enferme quotidiennement durant une heure, non pour faire face à des polypes intestinaux, mais pour dévorer en cachette un gros manuel illustré dont la couverture risque de vous choquer : *250 exercices pour éduquer sa femme.*

1.

L'Amour est enfant de Bohème : lui offrir sa carte de séjour

Exercice n°1 • Premier rendez-vous

C'est LUI. C'est LE jour. C'est ARRIVÉ ! Et ce n'est pas trop tôt, encore un peu et vous finissiez par vous terrer dans les Cornouailles pour y tondre les moutons. Il vous a tourné autour, il semblait intéressé, mais sans plus. Il a aimé cette pochtronne de Nicole et son bonnet 95 Z, avant de se rendre compte de son erreur. Ce soir, c'est votre tour et il n'est pas question de laisser passer le pompon. Par ici le Mickey.

Soyez audacieuse, ne le trompez pas sur la marchandise. Afin qu'il vous aime pour vous-même, rangez votre soutien-gorge rembourré et suivez le guide.

Cochez la (les) case(s) qui vous concernent :

☐ Adepte du quart d'heure toulousain, vous arrivez avec une franche demi-heure de retard. Sourire aux lèvres sur bouche en cœur, secouez votre montre Cartier de Chine d'un air contrit : « *Elle est trop vieille, c'est un cadeau de mon ex* ».

☐ Femme nature, étalez vos touffes de poils sous les bras, arborez une moustache conquérante, osez le pelage brut sur gambettes nues, saupoudrez d'un léger *Sueur n°5*.

☐ Le vintage vous rappelle votre adolescence ? Encadrez vos ravines frontales avec ! Jouez de votre sillon naso-génien, capturez son cœur avec la féroce ride du lion, jouez-lui le quatuor à cordes du cou.

☐ Accro de l'ail rose et du camembert au lait cru, gardez vos dents propres pour l'inspecteur des impôts. Commandez une époisse, tartinez votre pain bio d'oignons nouveaux, tétez du gros rouge qui tache.

☐ Ne payez rien, sous aucun prétexte. Ne le remerciez pas, c'est naturel.

☐ Si vous avez coché les cinq cases précédentes, pensez à brûler un cierge à Saint-Antoine de Padoue en sortant du restaurant. Réciter le Viens-donc-notre-Dame, unique espérance serait un plus.

Listez ici les autres qualités que vous souhaiteriez mettre en avant dès le premier soir :

_____

_____

_____

_____

Un conseil : Gardez-en pour plus tard.

Débriefons

La franchise est le plus beau cadeau que vous puissiez faire à votre couple. Elle peut manquer de glamour parfois, aussi vous vous permettrez une petite entorse sans gravité. Vous avez un neveu en Bretagne ? un cousin gascon, un voisin tuberculeux, un bookmaker ? Qu'importe, trouvez un homme présentable. Payez-lui un costume italien et faites-le venir à votre rendez-vous. Il devra s'asseoir à une table proche, rester mystérieux tout en buvant du champagne. Il vous en fera porter une coupe – il peut, c'est vous qui rincez. Puis lorsque l'inévitable marchand de roses passera entre les tables, il vous achètera toute la brassée. C'est cher, mais l'air carnassier que prendra votre futur HVV en vaut largement le coup.

Exercice n°2 • Il ne rappelle pas

Il vous a quittée devant la porte de votre appartement. Son regard de braise a transpercé votre palpitant de loveuse harlequinée. Vous étiez Jennifer au sommet de sa gloire quand Brad activait sa mâchoire carrée rien que pour elle. Il vous a caressé la joue d'un doigt brûlant et vous a murmuré : « *C'était une super soirée. Je t'appelle* ». Des images torrides vous empêchent de lire correctement le rapport du jour « *Déclin du saucisson dans les pays d'Afrique du Nord* ». Vous irradiez, vous vous consumez, mais… il ne rappelle pas ! Douze heures déjà et pas un sms, pas un tweet, pas un mail. Qu'allez-vous faire ?

Avant toute action intempestive, cernez quelle sorte de loveuse vous êtes.

Je l'aime, un peu, beaucoup…

Qui doit faire le premier pas ?					
★	Le destin	✶	Lui ou rien	♌	Option « Pas de deux »
Quel message devrait-il vous envoyer ?					
✶	Je ne suis rien sans toi	♌	Tu es libre ce soir ?	★	Je vois avec Nicole et je te rappelle
Quel message pourriez-vous lui envoyer ?					
♌	Tu me manques déjà	✶	Non, mais t'es où là ?	★	Tu as mon numéro ?

… /…

16

Le prochain rendez-vous ?					
✶	Où il veut	♌	Vous lui faites la surprise	✿	Un pique-nique sur son lit
Et s'il ne rappelle toujours pas ?					
✿	Cours d'émascu-lation	✶	Haut les cœurs !	♌	C'est vraiment dommage
Que vous reste-t-il comme dernière cartouche ?					
♌	Coucou, c'est moi. Je peux t'appeler ?	✿	On aiguise les couteaux et on rase gratis	✶	Lire l'horoscope et tirer les cartes

Vous avez une majorité de ✶ :

Vous êtes une authentique laxative. Vous ne vous prenez pas la tête et laissez faire le destin. Pour vous, ou ça roule, ou ça passe à côté, et vous n'y penserez plus au bout de quelques jours. D'ailleurs vous êtes capable de vous mélanger les pinceaux s'il vous rappelle, et de prendre rencard avec un autre. Êtes-vous sûre qu'il se soit senti suf-fisamment apprécié pour avoir envie de revenir ? Ou s'est-il froissé quand vous l'avez appelé Bob (lui qui se prénomme Armand) ?

Vous avez une majorité de ✿ :

Vous êtes une bourreaucrate de première catégorie. Vous aimez qu'on file droit, de préférence devant vous, pour que vous puissiez garder un œil sur la bête. Vous savez ce que vous voulez et il a intérêt à le savoir aussi ou alors vous vous chargerez de le lui expliquer. Pour son anniversaire, achetez-lui des œillères, vous l'aiderez à conserver son service trois pièces un peu plus longtemps. Vous l'avez laissé sans voix, après lui avoir mis la main au panier, c'est peut-être pour ça qu'il ne vous rappelle pas.

Vous avez une majorité de ♌ :

Vous faites partie des bilatérales. Et, il l'a senti, avec vous, ce sera du sérieux, ce sera du lourd. Il ne peut pas vous prendre pour une aventure d'un soir. Vous allez le pousser dans ses retranchements affectifs et il devra faire preuve d'une mâle assurance teintée de subtile féminité. Vous appelez le meilleur en lui et cela lui demande un peu de réflexion avant de s'engager. Il va rappeler, il est ferré. (Ou alors il s'est fait écraser en sortant de chez Nicole).

Débriefons

Dans tous les cas, ne laissez pas votre mental s'emballer, gardez la tête froide ! Si nécessaire, préparez-vous un bain de siège avec de la glace pilée. Respirez profondément avant de vous asseoir. Détendez-vous. (Gardez une serviette à portée au cas où le téléphone sonne-rait.)

Exercice n°3 • Le râteau fusionnel

Vous ne vous quittez plus. Des cœurs palpitants volent au-dessus de vos têtes, des anges hilares bondissent à votre rencontre, le monde entier conspire à favoriser votre union charnelle. Le grand soir n'est pas encore arrivé, pour l'instant vous préférez vous torturer délicieusement dans les lieux publics. Votre sonnerie de portable fait cui-cui quand c'est lui qui appelle. De son côté, il a choisi « *Œsophage de tourterelle* » d'Igorrr. Tous les goûts, comme on dit, sont dans la nature. Ce qui vous paraît adorable aujourd'hui pourrait bien tourner au pousse-au-crime demain. Comment éviter la débandade fusionnelle à double dentition ?

Il vous trouve drôle, intelligente, adorable, atten-tionnée... AU SECOURS ! Petit manuel de survie.

1. Vous êtes surmenée, en état de stress postapocalyptique. Il vous trouve PAR-FAI-TE et vous condamne ainsi à une vie de forçat pour l'être en permanence. Apprenez en urgence à utiliser le « *Oui, mais* »... à chacune de ses louanges :

Il dit « *Tu es toujours si belle* » ;

Vous lui répondez : **Oui mais**

_____
_____
_____
_____
_____

Il dit « *Tu sens bon et ta peau est douce* » ;

Vous lui répondez : **Oui mais**

_____
_____
_____
_____

Il dit « *Tu cuisines divinement bien* » ;

Vous lui répondez : **Oui mais**

_____
_____
_____
_____
_____

Il utilise une formule en particulier qui vous donne envie de hurler sur le final du *Bolero* de Ravel ? Notez-la ci-dessous et trouvez enfin votre réponse coup de poing américain :

Il dit : _____
_____

Vous répondez : **OUI MAIS**

_____
_____
_____
_____

2. Il résiste encore et vous court doucement sur le haricot ? Il est temps de frapper un grand coup ! Proposez-lui d'échanger une journée de vos vies – un dimanche de préférence, si vous ne voulez pas qu'il s'empare de votre dossier « *Implantation de moulins à eau en Éthiopie* ». Pendant que vous écarterez les doigts de pieds en éventail devant *Walker Texas Ranger*, vous lui laissez la liste de ce qu'il doit faire avant votre rendez-vous du soir :

- Épilation complète : aisselles, jambes, torse, dos, sourcils, lèvre supérieure et... maillot.

- Soins capillaires : shampoing, démêlant, racines, brushing, coiffage. En option : égalisation de la frange.

- Soins corporels : gommage, bain moussant, rinçage à l'eau de source, gant de crin, gel cuisse anti-capitons, lait corporel, huile pour les mains, crème « longévité du cou », masque antipoches, sérum antibajoues.

C'est à vous ! Complétez ci-dessous la liste :

_____

_____

_____

_____

_____

_____

_____

_____

_____

_____

Débriefons

Le sort des femmes dans leurs salles de bain est tristement méconnu. Les années qu'elles perdent à essayer de rassembler tous les morceaux en un seul devraient être intégrées dans les sondages qui révèlent la proportion des tâches ménagères dans leur emploi du temps. Soyez militante : restez en friche une soirée par semaine.

Exercice n°4 · Il a une feuille de salade entre les dents

Vous êtes quasi certaine qu'il s'agit de votre HVV. Vous vous sentez prête à faire le grand saut pour plonger dans son lit. Enfin presque... Il y a bien ici et là un ou deux détails qui vous chiffonnent. C'est le moment d'agiter votre *Joker Maman*. Ses compétences en la matière, alliées à l'amour inconditionnel qu'elle vous porte, vont vous permettre de faire le point sur la situation.

Vous invitez Maman à un apéro surprise au café des sports d'Aix-La-Chapelle (pour ne pas être vue en sa compagnie). Vous faites les exercices suivants avec elle :

Vous avez quelques doléances ? Listez-les ci-dessous (si vous manquez de place, achetez un cahier de brouillon ou, mieux encore, un lot de trois).

_____

_____

_____

_____

_____

_____

Votre mère semble fausse et sceptique ? Pour achever de la convaincre, dessinez chacun de ses défauts.

En femme avisée, votre mère vous demande maintenant de lister aussi ses qualités :

_____

_____

_____

Sachant que **A** est égal au nombre de ses qualités et **B** au nombre de ses défauts, appliquez les calculs suivants :

$\dfrac{A \times 100}{A+B}$ = % de réussite de votre union _____ %

$\dfrac{B \times 100}{A+B}$ = % d'échec de votre union _____ %

Est-il besoin d'ajouter quoi que ce soit à un résultat scientifique ?
Votre mère vous attend pour l'exercice suivant.

Exercice n.5 • Écailler le goujat

Nantie de votre pourcentage tout neuf et d'un paquet de mouchoirs en papier, vous sanglotez, en prenant conscience que l'imperfection est une rue à double sens, pendant que Maman finit d'écluser un gros pichet de villageoise. Pour vous remonter le moral, elle paye une tournée générale avec votre carte bleue et vous propose d'en finir une bonne fois pour toute avec vos enfantillages.

Si vous habitez à Aix-La-Chapelle, donnez-lui rendez-vous au PMU de Chilleurs-aux-Bois, dans le Loiret. Pensez à prendre votre GPS.

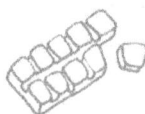

1. « *Affronte la vérité en face et bouge ton popotin* ». Telle est la devise de Maman. Appliquez-la sans plus attendre : afin de vous débloquer, les auteures vous proposent un exemple.

VÉRITÉS	ACTIONS
Il porte des chaussettes de sport dans des mocassins à pompons.	Bourrer ses chaussettes de verre pilé et lacérer les semelles au cutter.

2. Pour mettre un point final à vos hésitations, bariolez Mademoiselle Truite et Monsieur Goujon de belles couleurs vives. Découpez en suivant les bordures et envoyez cette invitation sans équivoque à votre bel écaillé.

Débriefons

Action ! C'est l'heure de vérité. (Pensez à remettre votre mère dans un bus).

2

.

Vol au-dessus d'un lit
de culculs

Exercice n°6 • Le premier émoi de la bête à deux dos

Tonight is the night. Belle à souhait, vous vous sentez prête à vous offrir. Il y a quelques années, vous avez appris en cours de physique que deux corps électrisés positivement se repoussent. Mais en invitant pour la première fois ce grand brun à « *venir boire un dernier verre* », vous faites fi des règles de l'attraction s'appliquant à la matière. On connaît la chanson : vous êtes *so excited* et passerez la nuit à rugir de plaisir.

> Vous voulez des ébats sauvages tout en espérant dompter l'animal qui est en lui. Suivez les étapes ci-dessous.

1. Avant, exigez qu'il fasse le beau :

Alors certes, vous avez tous deux une faim de loup. Hors de question toutefois de se jeter sur n'importe qu(o)i : pour faire de vous sa maîtresse et obtenir son su-sucre, le fauve devra avoir la crinière brossée et le poil soyeux. Et puisqu'on aborde l'épineux sujet du pelage, faites vôtre ce proverbe : « À torse de gorille, technique de gerbille ! ». Jouez sensuellement de vos menottes à froufrous roses, pour soudain – clac ! – attacher l'animal aux barreaux de sa cage… du lit et lui appliquer quelques bandes de cire. Enfin, proscrivez les grognements : on n'est pas des bêtes, tout de même !

2. Pendant, imposez-lui un rythme de tortue :

Le voilà parti, bille en tête, prêt à chevaucher sa monture. Hop hop hop ! Une cavalcade, ça se prépare ! Rappelez-le, gentiment mais fermement, à la niche : « Tout doux, Bronco ! », et guidez-le sur le sentier des préliminaires.

Une fois au galop, on ne l'arrête plus ? Il a le rythme dans la peau, oui, mais celui du lapin ? Temporisez en imprimant votre rythme par de petites tapes sur sa croupe. Au besoin, sortez le fouet.

3. Après, laissez-le dormir comme une marmotte :

S'il s'endort, vous trouvez qu'il agit en ~~buffle~~ mufle ? Eh bien pas du tout ! Remerciez-le au contraire, il vous évite ainsi sa verve postcoïtale. Oui, il reste muet comme une carpe pour ne pas rompre le charme. C'est ce qu'on appelle sauter du coq à l'âne… (Oh ne faites pas ces yeux, vous n'êtes pas non plus une grenouille de bénitier).

Débriefons

Aaaaaah, la première nuit ! Le bel étalon que vous avez choisi, Madame, a tout le potentiel qu'il faut pour vous faire devenir chèvre… Mais on ne va pas se mentir : vous devrez y mettre du vôtre aussi. Exit les yeux de merlans frits, si vous ne voulez pas le voir fuir ventre à terre. Prenez le taureau par les cornes ! Et si vraiment rien n'y fait, s'il s'est trouvé comme un éléphant dans un magasin de porcelaine et que vous vous êtes ennuyée comme un rat mort… accordez-lui une seconde chance : avec un poil de dressage, il doit pouvoir s'améliorer !

Exercice n° 7. « Mon chat aussi a une haleine de bouc »

Les premières fois cachent de moins bons moments. Ainsi en va-t-il de votre nuit de découverte charnelle : après ce ciel étoilé, risques de tempête au petit matin ! Quelle est cette odeur de derrière les chicots ? Rendez-vous à l'évidence, votre Prince charmant a quelques soucis et se transforme carrément en crapaud quand il vous réclame son baiser matutinal. Vous ne l'entendez pas, engloutie que vous êtes dans le coma qui a suivi son premier mot.

Vous voulez qu'il prenne de bonnes résolutions ? Donnez-lui l'exemple ! Pratiquez les petits exercices suivants, à planifier dans votre Agenda du Bonheur Matinal.

1. Le « Que oui que non » :

Les règles du « *Que oui que non* » sont enfantines : le meneur de jeu pose des questions au second joueur qui répond par de brefs « *oui* » et « *non* ». Il est possible d'employer des synonymes, si et seulement s'ils ne sont composés que d'une syllabe.

Une version du « *Que oui que non* » interdisant les mots « *oui* » et « *non* » eux-mêmes peut également être proposée. On l'appelle alors le « *Que ferme-la* ».

2. « *Pipi sans bruit, caca sans fracas* » :

Testez ces quatre techniques pour vous soulager sans réveiller votre moitié :

☐ **La technique traditionnelle des pas feutrés** : levez-vous tout doucement. Sur la pointe des pieds, ne marchez que sur les lattes de parquet en lesquelles vous avez une confiance aveugle. La veille, huilez les gonds de la porte des commodités. Enfin, tapissez le fond de la cuvette d'un demi-rouleau de papier avant d'y déposer délicatement le déchet de votre corps.

Attention ! Seules les plus entraînées réalisent le tout en moins d'une demi-heure.

☐ **La technique dite « *de l'oiseau* »** : utilisez la télékinésie pour vous transporter discrètement. Veillez à ne pas provoquer de courant d'air. Enfin, tel un vautour, planez au-dessus des WC jusqu'à ce que votre affaire soit faite.

Attention ! Ne laissez pas de plumes sur votre passage.

☐ **La technique de la sourdine** : vous prendrez soin de glisser la veille sous votre oreiller les télécommandes de votre chaîne hi-fi, télévision et divers robots ménagers. Actionnez-les simultanément, puis agissez comme vous en avez l'habitude. En toute décontraction.

Attention ! Choisissez des programmes de goût.

☐ **La technique enfantine** : ne bougez pas. Détendez-vous. Faites sur place. Oh, un détail : achetez des couches.

Attention ! Cette technique peut provoquer des érythèmes fessiers.

Après les avoir essayées, numérotez ces méthodes de 1 à 4 pour indiquer votre préférence.

3. Votre Agenda du Bonheur Matinal :

Planifiez ces exercices, chaque semaine, dans votre ABM. Reportez-y également tous vos trucs et astuces. Compilez-y vos victoires, comme dans l'exemple ci-dessous :

Lundi	Mardi	Mercredi
☺ On joue au « Que oui que non ». Il mène. Je gagne. ☺ ---------------------- ---------------------- ---------------------- ----------------------	☺ Je teste la technique de « pipi sans bruit ». ☹ On joue au « Que oui que non ». Je mène. Il perd. Je m'évanouis.	☺ ---------------------- ---------------------- ---------------------- ---------------------- ☺ J'adapte une technique de pipi sans bruit pour me lever plus tôt et aller me laver les dents.

... /...

Jeudi	Vendredi	Samedi
☺ Je teste un make-up de nuit... Je lave les draps. ☺ ------------------------ ------------------------ ------------------------ ------------------------	☺ ------------------------ ------------------------ ------------------------ ------------------------ ☹ Inspiré, il teste une technique de caca sans fracas. On ne réussit pas toujours du premier coup.	☺ On joue au « Que ferme-la ». Je mène. Il gagne. Je respire. ☺ ------------------------ ------------------------ ------------------------ ------------------------

Reportez-vous à l'exercice 32 pour le dimanche.

Débriefons

Haleine de fennec, vessie gonflée, visage froissé et cheveux en bataille : non, un homme au saut du lit, ça n'est pas aussi <u>mignon</u> que voudraient vous le faire croire les pubs pour rasoirs. Vous qui pétez des paillettes, ne soyez pas mesquine : partagez votre secret avec l'Homme. Révélez la Princesse qui sommeille en lui !

Exercice n°8 • On remet ça : petite cuillère ou grosse louche ?

Tout va pour le mieux dans le meilleur des mondes. Après quelques essais, il fait l'amour comme un dieu, il est mince, il est beau, il sent bon le sable chaud – et la rose au saut du lit. Vous le garderiez bien un peu, celui-là. Est-il temps d'envisager la bague au doigt ?

Ne vous emballez pas. Posez-lui d'abord ces quelques questions pour connaître son menu préféré...

Si ta vie était un repas, je serais... :					
✷	Un amuse-bouche : ça ouvre l'appétit.	✾	Le plat principal, mon amour !	♌	Le trou... normand, évidemment...

Si j'étais un buffet, je serais... :					
✾	Orgiaque, orné de mille et une merveilles, ma douce !	♌	Celui des Restos du Cœur : pauvre. Et moins bien garni que Nicole...	✷	Raffiné, mais on reste sur sa faim : vivement la suite.

Si j'étais un potage, je serais... :					
♌	Une soupe lyophilisée. « *Maggi Maggi* » mais toi t'as pas vraiment de génie...	✾	Un velouté, crémeux et chaud bouillant, ma princesse !	✷	Un gaspacho, estival et léger, quoiqu'à consommer avec modération.

Si notre relation était un restaurant, nous serions... :					
✷	En construction, mais plein de projets conviviaux, pour une future petite auberge familiale.	♌	Un restaurant américain. Ouais, un *fast-food*. En faillite...	✾	Le gastronomique du Plaza Athénée, ma belle, et je ferais briller ses étoiles dans tes yeux !

Si j'étais une boisson, je serais... :					
✾	Un whisky pur malt, noble, fiable, fort, ma déesse !	✷	Un cocktail coloré, et d'ailleurs je vais en reprendre un verre.	♌	De l'eau. Attention, sans bulles. De l'eau plate, quoi.

... /...

Si notre couple était un dessert, ce serait... :					
♌	Un étouffe-chrétien. Et j'ai mes convictions religieuses...	✂	Une pièce montée, ma chérie, comme celle que j'imagine pour notre mariage !	✶	Une mousse de fruits aux copeaux de chocolat. C'est pas raisonnable, mais je me ressers !

Résultats

Majorité de ♌

Vous êtes tolérante, et c'est rien de le dire ! La-xa-ti-ve ! Une bonne pâte, quoi. Si vous l'avez laissé répondre tout ceci sans broncher, un magnifique sourire niais sur votre visage, il faudrait peut-être envisager de soigner votre tendance masochiste... ou, si vous aimez le cuir, d'assumer et de commencer à fréquenter certains clubs. Dans cette optique, il peut devenir le partenaire idéal, oui...

Majorité de ✂

Vous êtes bourreaucrate. Et ça fait son petit effet : Monsieur a déjà intégré toutes les caractéristiques du paillasson de votre porte d'entrée ! Vous allez pouvoir le modifier à votre gré – taille, couleur... – pour qu'il se fonde harmonieusement à votre déco Ikea. Prévoyez toutefois une laisse et un collier à pointes, ou coincez-le entre deux fauteuils, s'il fait mine de s'échapper.

Majorité de ✶

Cette relation sera bilatérale ou ne sera pas. Il l'a compris, se sent à l'aise et s'autorise à exprimer son enthousiasme, mais aussi ses doutes – n'en avez-vous pas vous-même ? Tant que vous ne le gavez pas, il a l'air partant pour continuer la dégustation et ne redoute pas l'indigestion. Bravo, cheffe !

Débriefons

De l'anorexie à l'indigestion, il y a peut-être une alternative à creuser pour ne pas boire le bouillon.

Exercice n°9 • « Comment ça, tu sors ce soir ? »

L'aventure continue. Désormais, vous vous retrouvez chaque soir pour roucouler sur le canapé devant une comédie sirupeuse avec Meg Ryan. Mais voilà qu'il devient capricieux et réclame un peu d'air. « *Jeudi, j'peux pas, je sors* », vous assène-t-il. Vous êtes ébahie. Rappelez-vous ce conseil de psychiatre pour adolescents : pas d'opposition frontale ! N'interdisez rien, autorisez sous conditions…

Instaurez le système de points, d'images et de bons de sortie ci-dessous.

À votre stylo ! En vous servant de ce manuel, vous établissez un tableau des exercices s'appliquant à Monsieur : accordez-lui un point à chaque fois qu'il applique les consignes ou passe un test avec succès…

Exercice	Points
n°20 Mes amis, c'est pour la vie !	
n°......	
n°......	
n°......	
n°......	
n°......	
n°......	

... et offrez-lui une image tous les cinq points :

- Des photos de vous, bien sûr ;

- À glisser dans son portefeuille ;

- Avec vérification régulière du soin qu'il porte à sa collection.

Au bout de cinq images, n'hésitez plus : découpez, remplissez l'un de ces « bons pour... » et glissez-le dans sa main.

✂ - - - - - bons à découper suivant les pointillés ✂ - - - - -

Bon pour	**Bon pour**	**Bon pour**
Une sortie au foot entre potes !	Une soirée au bar avec les collègues !	_____ _____ _____
Bon pour	**Bon pour**	**Bon pour**
_____ _____ _____	_____ _____ _____	_____ _____ _____

Débriefons

Vous l'avez compris : vous ne rendrez pas votre bel oiseau heureux si vous le gardez en cage ! Il va donc falloir vous montrer souple, voire permissive, et lui octroyer quelques heures de vol hebdomadaires. Pour éviter tout abus, limitez vos autorisations de sortie par des dates de validité périmées. Enfin, les rapports complets qu'il vous fait méritant bien un peu de reconnaissance, veillez à ce que son bol de graines soit toujours rempli à son retour...

Exercice n°10 • « Comment ça, je ne peux pas sortir ce soir ? »

Mais c'est dingue, ça ! Vous vous êtes montrée extrêmement tolérante et voilà qu'il boude pour que vous restiez à ses côtés. Au fallacieux prétexte que cette robe fendue jusqu'en haut de la cuisse ne serait pas adaptée pour une soirée avec votre ex, Jean-Kévin (yeux bleus, salaire à cinq chiffres). Tant de machisme et de mauvaise foi vous sidèrent !

Gagnez votre indépendance à la force du poignet en réalisant les exercices ci-dessous.

1. Inventez un prétexte de sortie par semaine que votre cher et tendre ne pourra refuser. Soyez plausible !

Exemple : *Je suis invitée à une soirée de charité en faveur des enfants orphelins, sidéens et unijambistes. On a vraiment de la chance d'être en bonne santé, tu sais.*

_____

_____

_____

_____

Renouvelez l'exercice tous les mois.

2. Soupçonneux, il crie à la duperie ? Il fouille ? On vous suggère une riposte adéquate à chacune de ses attaques, vous n'avez plus qu'à les relier entre elles :

Il fouille votre sac à main.	Glissez-y des cœurs avec son prénom à l'intérieur, écrivez de petits textes évoquant votre envie de vous tatouer son prénom, de le séquestrer, voire de l'empailler...
Il épluche votre palm.	Avec l'aide de Jean-Kévin, installez le pop-up suivant : « *«La clef qui ouvre toute les portes... La confiance.»*, Charlotte Savary. »
Il furète dans vos poches.	Vous y déposez des tapettes à rats. Sans fromage, non, ça on s'en fiche.
Il farfouille dans votre ordinateur.	Vous programmez une détection rétinienne, entraînant un appel automatique sur le portable de votre mère.
Il tente d'accéder à votre boîte mail.	Vous verrouillez tous vos dossiers et fichiers avec le mot de passe *nicoleesttropbonne*. S'il le découvre, vous lui faites une crise de jalousie en 3D.
Il fouine dans votre téléphone portable.	Vous déclenchez une alerte à la bombe.

Débriefons

La jalousie est un horrible défaut. Ne la laissez pas nicher dans votre couple ! Exigez de la confiance et accordez-en tout autant : c'est la base d'une saine harmonie. Bon. À part ça. Il est toujours célib', Jean-Kév' ?

Exercice n°11 • Se laisser pousser le ventre

Vous commencez à trouver vos marques. Vous êtes de plus en plus complices. L'équilibre tant désiré s'installe. Vous avez vos petits trucs à vous, votre adorable routine. Vos copines vous citent en exemple : « Un-couple-fusionnel-mais-pas-trop-tu-vois ». Même Nicole est obligée de concéder que oui, ça a l'air de bien se passer. « Aaaahhh, on est bien, hein, tous les deux ? », vous entendez-vous régulièrement lui murmurer à l'oreille, tandis qu'avachis sur le canapé, vous suivez votre feuilleton du samedi soir. Bon. Pour résumer, l'ennui mortel s'est installé.

Re–pimentez votre vie sensuelle et sexuelle à l'aide de ce petit exercice... Matériel nécessaire : sa carte bleue et son code, des ciseaux.

Petit préliminaire nécessaire à la bonne conduite de l'exercice. Listez trois chaînes de lingerie féminine avec les adresses les plus proches de chez vous :

Adresse 1 _____

_____

_____

_____

Adresse 2 _____

_____

_____

_____

Adresse 3 _____

_____

_____

_____

Prévoyez une journée entière pour faire le tour de ces magasins et achetez TOUT ce qui vous plaît. La consigne est difficile ? Pensez à votre couple, le sacrifice en vaut la peine et vous le savez.

Dès votre retour, demandez à votre HVV de repérer et découper des photos de son actrice favorite (au choix : Angelina Jolie ou Monica Bellucci) portant les pièces de lingerie qu'il préfère. Brésilien, tanga, string ? Il va sans dire que s'il formule avec exactitude sa demande, vous vous ferez un plaisir de dégainer le modèle que vous venez d'acheter, correspondant à son souhait. Comment ça, « sur vous c'est pas pareil » ?

Débriefons

Apprenez, vous aussi, Madame, à exprimer vos desideratas en la matière : Brad Pitt en boxer, Tom Cruise en slip kangourou... Le dialogue, ça n'a pas de prix. Pour tout le reste, il y a la carte bleue de Monsieur.

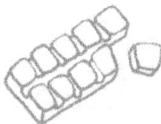

3.

Achtung !
Déminer le gigot
du dimanche

Exercice n°12 • Cap sur les orphelins

On ne choisit pas ses parents, on ne choisit pas sa famille. La vôtre, vous avez eu toute une enfance pour vous y faire, mais la sienne... Belle-maman vous appelle toujours Nicole : « *C'est dommage qu'il l'ait quittée, elle est si gentille ! C'est la fille que je n'ai jamais eue !* ». Beau-papa vous regarde rarement au-dessus du corsage. Vous rongiez doucement votre frein jusqu'à ce qu'un soir, votre fauché et toxico de beauf' débarque pour la nuit. C'était il y a deux mois ; depuis il s'est durablement moulé dans votre canapé. Vous envisagez sérieusement l'option **Amityville**...

Pour combler vos frustrations, réalisez votre fantasme... sur papier.

Faites remplir son arbre généalogique à votre cher et tendre. Surtout, n'y écrivez rien vous-même : il pourrait croire que vous éprouvez un quelconque intérêt pour ces gens.

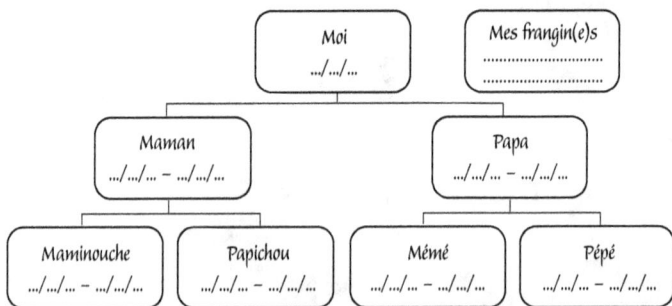

| Moi .../.../... | Mes frangin(e)s .... |

Maman .../.../... – .../.../...   Papa .../.../... – .../.../...

Maminouche .../.../... – .../.../...   Papichou .../.../... – .../.../...   Mémé .../.../... – .../.../...   Pépé .../.../... – .../.../...

Il s'agit maintenant d'élaguer calmement. Ajoutez le surnom que vous donnez à chacun de ces individus. Décidez de leur date de décès et des circonstances de chaque tragédie. Rayez, biffez, trouez, crachez dessus, et découpez ces excroissances pourries pour faire toute la place à votre homme. Il est seul, il est bien. Vous aussi.

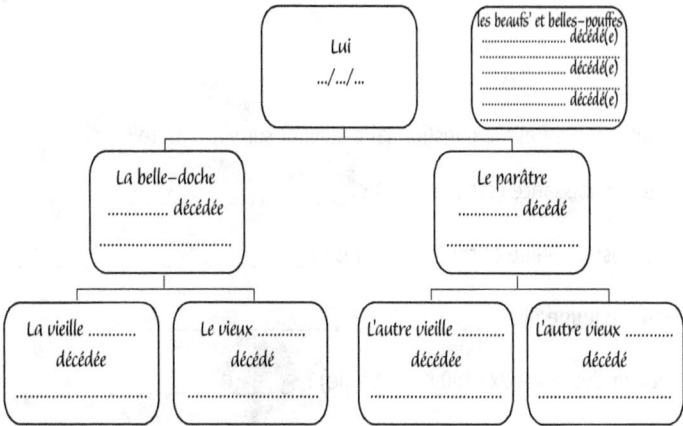

Débriefons

Cette société qui se voudrait moderne est en réalité terriblement conservatrice. Le meurtre de belle-mère, qui pourrait être si bien toléré, y reste passible d'une longue peine de prison. Prenez votre mal en patience.

Exercice n°13 • Maman Double-face et Papa Gourdin : le week-end

Vos parents, en revanche – mais surtout en comparaison – sont géniaux. Ils vous ont invités à déjeuner ce dimanche midi. Votre mère connaît déjà votre HVV sous toutes ses coutures – vous lui en parlez quotidiennement par mail, sms et téléphone. Votre père va enfin le découvrir. Si votre chéri ne fuit pas devant ☐ sa batte de base-ball ☐ son fusil à lunette ☐ son nunchaku, il aura passé la première épreuve avec brio. Aidez-le !

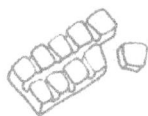

1. Faites-lui remplir le questionnaire suivant sur votre mère :

Date de naissance (sans l'année) : _ _ _ _ _ _ _ _ _ _ _ _ _ _ _ _ _ _ _

Signe astrologique et caractéristiques : _ _ _ _ _ _ _ _ _ _ _ _ _ _ _

Nom de jeune fille : _

Couleur des cheveux (100 % naturelle) : _ _ _ _ _ _ _ _ _ _ _ _ _ _ _

Fleurs préférées : _
(Penser à en apporter dimanche)

Parfum : _

2. Faites-lui citer cinq centres d'intérêts de votre père :

_ _

_ _

_ _

_ _

_ _

3. Le temps presse... et le bachotage ne suffira pas. Aux grands maux... Confectionnez des antisèches qu'il placera négligemment dans la manche de son pull. Pour le tester, glissez quelques leurres pour vérifier s'il les repère :

« Hmmm, ce gigot est rudement bon, cuit comme il faut... Et cette sauce ! Je me régale. Merci ! »

« Je vous ai apporté un Saint-Émilion 1961 ; on m'a dit que vous étiez amateurs de bons vins. »

« Cette première entrevue me stresse un peu. Où puis-je soulager ma dysenterie galopante ? »

« Vous m'avez tricoté une écharpe ?... Pourtant ce vert caca d'oie vous irait mieux qu'à moi. »

« Dites-moi, elle est comment, votre femme, au lit ? C'est pour savoir ce que votre fille tient de sa mère ! »

« Je suis surpris, je m'attendais réellement à vous trouver avec un téléphone greffé à l'oreille... »

« Je suis complètement d'accord avec vous : Karim Benzema n'a rien à envier à Lionel Messi... »

« Je suis à la fois honoré et heureux de vous rencontrer ! Votre fille parle tellement de vous... »

« Je vous laisse débarrasser les filles, c'est le lave-vaisselle, qui fait tout. Vous pourrez papoter... »

Débriefons

Vos parents peuvent sembler un peu durs… mais ils vous protègent, c'est tout. Ils ne voudraient pas que vous vous engagiez dans une union aussi bancale que la leur. Dites merci et tendez l'autre joue. Enfin, l'autre joue de votre homme.

Exercice n°14 • Tartes à la frangin(e)s

Frangins et frangines sont la principale source naturelle de pétage de plombs. Issus des mêmes parents que vous, ou que votre conjoint, ils sont pourtant… différents et à l'origine de grandes pertes d'énergie pour l'organisme. Haine, compétition, jalousie, leurs composants en font d'authentiques poisons pour la santé de votre relation si vous n'apprenez pas à les accommoder.

Cette recette créative va enrichir vos talents culinaires et faire le bonheur de votre couple !

45 kg d'une petite sœur en pleine adolescence

1 m 80 d'un beau-frère cocaïnomane

300 g d'intimité

L'amabilité d'un bouledogue

1 pincée d'amour chrétien

2 c. à s. de patience

Décrochez 1 m 80 de beau-frère cocaïnomane de votre sofa. Attention, l'opération nécessite l'usage d'un couteau à huître. Soyez habile ou faites appel à une aide extérieure.

Étalez-le, à l'aide de votre amabilité de bouledogue, dans un moule à tarte bien beurré. Ne lésinez pas : le beau-frère, ça accroche vraiment.

Malaxez grossièrement les 45 kg de votre petite sœur avec une pincée d'amour chrétien. Au moindre « *Les parents, c'est des cons* », ou « *J'en ai marre j'voudrais trop me suicider !* », malaxez de plus belle.

Versez les 300 grammes d'intimité, en une couche bien compacte, sur le beau-frère. Faites une troisième couche avec la petite sœur. Veillez à ce que le beau-frère et la sœur ne soient pas en contact : le mélange est hautement explosif ! Soyez ferme avec l'intimité : elle doit vous permettre de bien compartimenter les ingrédients.

Saupoudrez deux cuillères à soupe de patience sur la tarte.

Faites cuire à four extra chaud durant des années.

Prenez une photo pour immortaliser la recette.

Débriefons

Servez froid, et consommez avec modération : à la longue, les frangins et frangines, c'est comme les pruneaux, ça améliore vraiment (trop) le transit intestinal.

Exercice n°15 • Modèle livré avec couffin : vous avez des enfants

Vous avez suivi à la lettre nos fabuleux conseils de l'exercice n° 1, en révélant tous vos défauts au premier rendez-vous. Il n'a pas pris ses jambes à son cou, non, au contraire, il y a mis les vôtres. Avec ce déjeuner dominical chez vos parents, il vous découvre de nouvelles qualités… Tant mieux, c'est l'heure de lui balancer les deux meilleures : les adorables gamines nées de votre union avec Jean-Kévin.

Mettez en scène la révélation pour ajouter le fun à la surprise ! Organisez une chasse au trésor dans votre appartement !

- Un meuble à droite, une porte coulissante à gauche... Réorganisez votre chez-vous en véritable labyrinthe que votre HVV devra traverser d'un point à l'autre avec brio !

- Parsemez les indices qui le guideront jusqu'à la découverte finale du trésor !

- Calfeutrez les fenêtres, abandonnez-le à l'entrée... et fermez la porte à clé. En route pour l'aventure !

La carte à fournir :

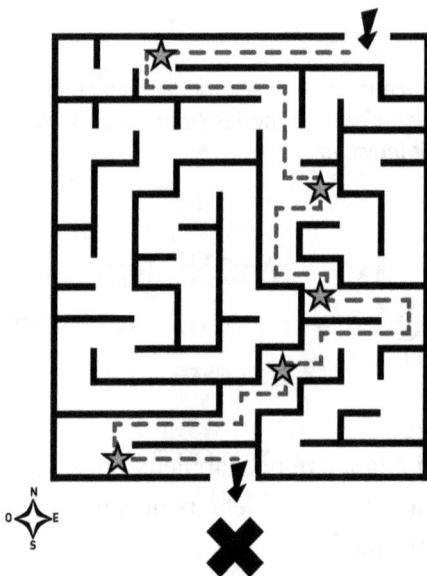

⭐ Quelques suggestions d'indices... :

- Un dessin de vos chéries. Est-ce un chien ? Ou un hélicoptère ? Tout dépend du sens dans lequel on le regarde...

- Un jouet *Hello Kitty*.

- Un DVD de *Dora l'exploratrice* ou, pire, des *Teletubbies*.

- Un bavoir. Sale.

- Deux paires de chaussures *Adidas* taille 18 (« *C'est trop choupiiiiii !* »).

- Un break miniature et l'adresse du concessionnaire où il pourra échanger son coupé sport trop petit.

- ...

✖ ... et de trésor :

- Deux couches. Pleines.

- ... C'est LA seule idée valable.

Débriefons

Dépité, votre pirate n'a pas vraiment la tête d'un Jack Sparrow découvrant la Fontaine de Jouvence ? Il écluse son tonneau de rhum, avant de s'autocondamner au supplice de la planche ? Partez à l'abordage de son corps, et mettez-le aux fers dans la grande cale. Personne n'abandonne le galion !

Exercice n.16 • Modèle livré avec couffin : il a des morpions

Votre courage et votre détermination à dire la vérité, même difficile à entendre, ont inspiré votre amoureux. Et voilà : lui aussi a un passé... Il est sur le point de tout vous avouer. Pour couper court, vous feignez illico une otite foudroyante et devenez sourde. Comment rétablir la communication ?

Apprenez-lui à mentir à bon escient ! (Non, on ne va pas RÉELLEMENT en enfer quand on ment, non...)

1. **Motus et bouche cousue** : listez ensemble dix bons moyens de garder un secret :

1. *Le bâillon. Le foulard. Bref, le tissu.* 2. *La couture : un point en haut, un point en bas...*

3. _____ 4. _____

5. _____ 6. _____

7. _____ 8. _____

9. _____ 10. _____

2. **La chasse au gaspi** : voici le plan de son appartement, à lui d'entourer au feutre cinq endroits où il pourrait cacher ses travers les plus embarrassants (comme des jumeaux) :

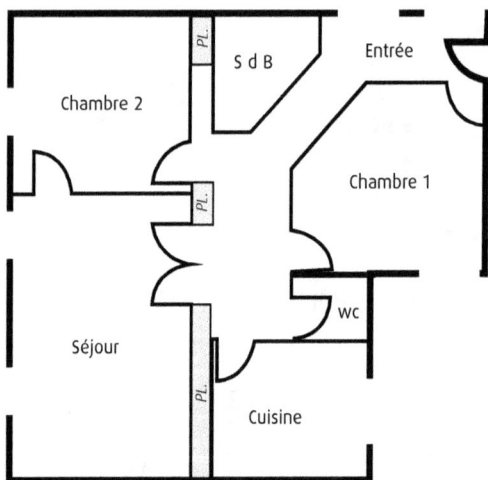

Débriefons

La bourreaucrate de l'exercice n° 2 éliminera les placards au prétexte que le vide-ordures ou la boîte à gants sont bien suffisants. Tandis que la laxative se retrouvera avec le plan de son appartement pour y désigner les cachettes possibles. La bilatérale trouvera le moyen de se déboucher les oreilles.

La graine, le pot et la nature qui a horreur du vide

Vous venez de perdre dans l'exercice n° 10 et Monsieur, victorieux, exige sa récompense. Impossible ! Vous n'avez plus rien pour vous protéger. RIEN ! Comment avez-vous pu être aussi inconséquente ? « *C'est pas grave* », vous susurre-t-il à l'oreille tout en dégrafant plusieurs pièces de vos vêtements à la fois. « *PAS GRAVE !?* »… Un petit rappel s'impose visiblement.

Retour au collège : vous êtes l'intervenante du Planning familial, il est l'élève.

Testez-le : qu'il nomme chacun des moyens contraceptifs décrits dans le schéma ci-dessous :

Substances qui détruisent ou, plus simplement, inactivent les spermatozoïdes :

_____

Petit bâtonnet cylindrique inséré sous la peau du bras qui contient le même type de substances que la pilule :

_____

Dispositif contraceptif inséré dans l'utérus, il peut être mécanique ou hormonal :

_____

En latex, il se déroule sur le pénis en érection et empêche le passage des spermatozoïdes dans le vagin :

_____

Gaine munie d'un anneau souple, il peut être mis en place plusieurs heures avant le rapport sexuel :

_____

Anneau flexible en plastique poreux, il s'insère au fond du vagin et se porte trois semaines :

_____

Contenant des hormones similaires à celles que produisent les ovaires, elle est microprogestative ou combinée :

_____

Timbre se collant sur la peau, il diffuse une association d'hormones dans le sang et est efficace une semaine :

_____

À chaque bonne réponse, coloriez le pétale correspondant en rose.

De 0 à 2 pétales roses :

Votre homme a un enfant dans chaque port. Grève du sexe jusqu'à Noël (très bon moyen de contraception, entre nous soit dit).

De 3 à 6 pétales roses :

Votre homme est tout-à-fait banal, en fait. Comme vous, il prend la pilule et basta.

De 7 à 8 pétales roses :

Votre homme est gynécologue. Fallait le dire tout de suite...

Débriefons

L'honnêteté impose de signaler que tous les moyens de contraception ne sont pas signalés dans cet exercice. Toutefois, si vous pensez à Ogino ou au coitus interruptus, franchement, Madame, c'est que vous n'œuvrez pas pour la paix de votre ménage.

4.

Plan d'évacuation : aérer sa bulle sans pépin

Exercice n°18 • Et l'on tuera tous ses potes

Après l'épreuve familiale, reste encore la course d'obstacles qu'incarne cette race à part et qui prolifère : le pote ! Vous avez su déjouer le piège jusqu'à présent. Vous avez misé l'un et l'autre sur cette période de transe fusionnelle. Mais voilà, c'en est fini du pain béni, vous attaquez le pain noir. Comment éviter l'apéro systématique du vendredi soir, l'après-midi paint-ball, la rando accro-branche ou les déplacements en troupeaux dans les night-clubs des années 80 ?

Impossible d'attaquer le sujet frontalement, vous risqueriez de perdre contre Roro — l'ami d'enfance — ou encore Dédé le Barde, le chanteur du groupe.

Vendredi 18 H 00, le débarquement est immédiat. Pour faire face à l'ennemi, à ses hurlements barbares et à ses comportements d'autochtone dénaturé, une seule solution : déclarer l'état d'urgence !

1) Enfilez ce casque ébouriffant trouvé en solde chez Kilin.

2) Faites creuser en urgence une tranchée devant la porte des toilettes et celle du placard à liqueurs, deux zones stratégiques du regroupement « potal ».

3) Installez des pieux en bambou imputrescibles.

4) Recouvrez le tout de branchages que vous aurez préalablement achetés en gros au Marché gare et sur lesquels vous déposerez des tapis.

5) Planquez toutes les télécommandes, les fusibles et les CD de compil' régressives.

6) Saupoudrez les « caouettes » de nytroglicérine. Branchez la sonnette sur le poteau de Très Haute Tension le plus proche.

7) Remplacez les alcools par des sirops bio sans sucre ajouté. Par mesure de prudence, administrez un bain d'essence de lavande à toutes les cigarettes. Éventrez les cigares.

8) Balancez les charcuteries par la fenêtre (vous n'avez plus le temps de finasser).

9) Courrez !

Si vous n'avez pu ni creuser ni barricader la porte, il reste à débrancher la sonnette (attention de ne pas vous électrocuter) et à décorer la porte d'entrée d'autocollants fluos pour limiter l'invasion. Complétez au choix...

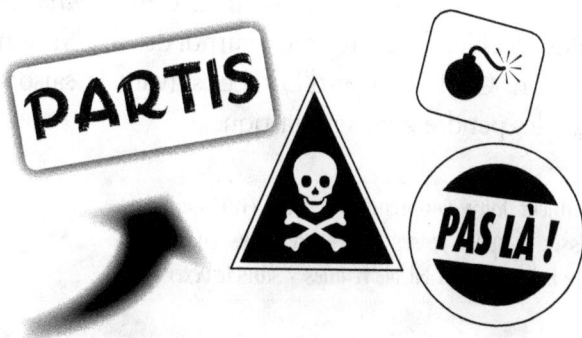

En dernier recours, vous laisserez un plan en évidence sur le paillasson, en plaçant judicieusement les indications suivantes : Dring Dring, Ricard, Dalida, Jambon, Tabasco illicite, Moltonel...

Débriefons

Vous voilà fin prête à recevoir les potes de votre moitié. Vous n'aurez pas oublié d'expédier ce dernier chez sa mère : « Elle a chuté du 4ᵉ étage ! ». Il risque de s'en étonner si elle habite dans une ferme du Poitou où, paraît-il, les coqs s'accouplent avec les pendules. Mais ceci est une autre histoire.

Exercice n°19 • Le « rugeby », le « fouteball »

Ses potes vous adorent. Ce jeu de piste les a conquis. Ils racontent partout le mal que vous vous êtes donné pour les recevoir et l'originalité de votre mise en scène. Votre chéri est fier de vous. Roro vous harcèle pour obtenir le 06 de votre ☐ sœur, ☐ cousine, ☐ mère, ☐ grand-tante. Dédé le Barde vous a même écrit une ritournelle sur l'air d'*Alexandrie, Alexandra*. C'est décidé, ils suivront le Tournoi des Six Nations dans votre salon. Ou la Coupe d'Europe, suivant la saison. Vous rêvez de les pendre avec un élastique.

Comment faire comprendre à votre HVV que vous haïssez le sport et ses fans-potes plus encore que votre belle-mère et Nicole réunies ? sans le vexer ?

Faites votre blonde, pourrissez-leur la soirée en toute ingénuité :

1) Lors du Tournoi des Six Nations, vous placerez dans la conversation les mots : goal, but, penalty, corner, tapette. À compléter :

_____ / _____ / _____ /

_____ / _____

2) À l'inverse, pour la Coupe d'Europe, dégainez pour chaque action les mots suivants : essai, transformation, en avant, mêlée, gros tas. Enrichissez votre vocabulaire :

_____ / _____ / _____ /

_____ / _____

3) La minuterie de votre four devra sonner toutes les trois minutes, sans interruption. Pour mener à bien cette opération de sabotage, visionnez l'intégrale de *Mac Gyver*.

4) Pour optimiser ce chronomètre diabolique, posez plus de dix questions d'affilée. Pour être optimale, préparez vos interventions. Trois minutes, c'est si vite passé. (Exemple : Et là, et là, il fait quoi le mec ? Pourquoi il siffle l'arbitre ? Comment il s'appelle le n°... ?).

_____

_____

_____

5) C'est la mi-temps, les ogres réclament leur bacchanale. Offrez-leur un choix cornélien :

• Salade de millet aux vieilles pousses d'épinard terreux ;

• Méli-mélo de blettes filandreuses dans leur jus d'agar-agar ;

• Glaçon nature sur compote d'ail cru.

Arrosez le tout d'un lait d'argile verte bien frais.

6) Juste avant la reprise, lancez un jeu de faux proverbes. N'oubliez pas de battre des mains avec enthousiasme tout en sautant sur le canapé à pieds joints : « *Oh oui, faites-moi plaisir, dites oui* ». (Quelques exemples pour briller en société : « *Noël au balcon, enrhumé comme un con* » / « *Oignon soit qui mal y pense* » / « *La bave du poivrot n'atteint pas la blanche serveuse* »). Action :

_____

_____

_____

Prévoyez des gages : le lot de trois cahiers est indispensable à ce stade. (Exemple célèbre : dans le lac avec des poids aux pieds !)

_____

_____

_____

7) Enfin, endormez-vous d'un coup et ronflez comme un bûcheron après une barrique de bière tiède. Profitez de la sonnerie du four pour interpréter « *Que ma joie demeure* » avec brio.

Débriefons

Faire la blonde demande de l'entraînement et beaucoup de doigté. Soyez persévérante. Réveillez votre HVV au milieu de la nuit et ne tarissez pas d'éloges sur son groupe d'amis. Faites dans la dentelle :« Je les adore TROP ! ». Profitez-en pour lui dire ce que vous avez prévu pour les Vingt-quatre heures du Mans. Imitez le bruit des Formules 1, commentez d'une voix nasillarde, hurlez à pleins poumons en simulant le franchissement de la ligne d'arrivée dans un cri paroxystique qui laissera vos voisins éberlués.

Exercice n°20 • « Mes amis, c'est pour la vie ! »

Il ne pourra pas le nier, vous avez des amis for-mi-da-bles. Il va les adorer ! Ils sont intelligents, cultivés, branchés, top fun, et méga rigolos en plus. Certes, ils sont tous célibataires – voire puceaux – et en thérapie psycho-rigido-compactable, mais cela « *montre leur capacité à se remettre en question, tu vois* ». Vous les avez invités à passer le week-end chez vous. Ils amènent leurs duvets, sauf Nini qui dormira dans votre lit : « *Non, parce qu'elle a trop peur du noir, tu vois* ».

Il est primordial de faire suivre un entraînement intensif à votre amoureux pour qu'il ne perde pas son latin au moment de saluer votre groupe de référence.

1. Collez les photos de vos amis les plus indispensables. Vous éviterez les jolies filles avec lesquelles vous serez sagement en froid jusqu'à leur ménopause.

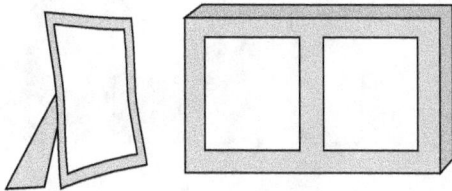

2. Testez votre homme sur l'historique de chacun de vos amis. Reconnaissance visuelle tout d'abord, interrogatoire poussé sur les dates pricipales, questions-pièges, chausse-trappes, fausses pistes... Soyez intraitable, mais avec le sourire.

Nini est le diminutif de... :	Combien ont-ils de dents à eux tous ?	Jean-Charles-Édouard est... :
A – Nicole B – Nyctalope C – Nitsanite	A – 32 B – 827 C – Aucune	A – Mérovingien B – Astygmate C – Nécrophile
Qui porte la culotte ?		
A – Moi B – Moi C – Moi		

Débriefons

Pour parfaire l'entraînement, une notice admirative rédigée par votre HVV himself permettrait de compléter l'album amical et ajouterait au plaisir de tous, lors de vos longs week-ends. Surtout à Nini, à qui il faudra cependant la lire « parce qu'elle refuse tous les alphabets sauf le cyrillique. Mais là, t'es pas prêt, tu vois ».

Exercice n°21 • Vernissage chez H&M

Il veut bien lire Kierkegaard, vous suivre dans les musées, se taper le dernier film d'auteur australopithèque, aller manger dans ce restau végétarien où on vous bande les yeux et on vous attache les mains dans le dos. Même une semaine au Sri-Lanka, avec Nini entre vous toutes les nuits, semble possible – surtout si vous lui enfoncez des cure-dents sous les ongles. Mais vous accompagner faire du shopping, alors là c'est NIET !

Trop, c'est trop. Vous allez le transformer en fashion addict. La ruse est votre alliée.

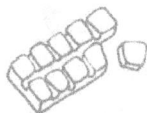

1. À l'aide de votre ordinateur et d'un bon photocopieur, modifiez efficacement les trente dernières invitations aux soldes privées reçues dans votre boîte aux lettres.

Du mercredi 6 au dimanche 10 juin

EXPOSITION ~~VENTES~~ PRIVÉES

~~SOLDES MONSTRES~~
MODÈLES ORIGINAUX

~~chez~~ du

ZADIG ~~&~~de VOLTAIRE

>>> Pass abonnés >>>

2. Vous avez agité l'invitation sous son nez, l'avez convaincu de vous y accompagner. Pendant le trajet en ☐ bus, ☐ métro, ☐ taxi, ☐ skotère, préparez-le mentalement, parlez sans reprendre haleine :

« Il paraît que c'est une exposition originale, voire avant-gardiste. Une traduction personnelle de l'œuvre voltairienne dans l'esprit soyeux de l'époque. Beaucoup de mannequins, d'étoffes, d'accessoires théâtraux. Des copies sont en vente. Il y a un jeu qui consiste à fouiller des bacs à la recherche du manuscrit. Une copie, bien sûr. Les originaux sont hors de prix..»

3. Vous voici dans la place. Il commence à douter. Détournez son attention :

- Faites-lui écouter le livre audio *12 méditations guidées pour s'ouvrir à soi et aux autres* de Fabrice Midal.

- Chaussez-le d'un authentique stéréoscope et lestez-le de quinze recharges des différentes vues du Mont-Saint-Michel.

- Glissez deux Xanax dans son jus de tomate et ne lésinez pas sur le sel de céleri.

- Improvisez, brodez, soyez créative :

_ _

_ _

_ _

Débriefons

Après avoir suivi le vernissage de H&M, l'exposition de Zadig et Voltaire et le mariage de Zara, votre Homme sera conquis. C'est lui qui vous réclamera sa sortie hebdomadaire et son bain de foule frénétique. S'il montrait encore quelques réticences, n'hésitez pas à lui forcer la main. Enfuyez-vous en agitant sa carte bleue. Parions qu'il vous suivra au galop.

Exercice n°22 • Le faire virer de bord !

Attention, nous abordons-là un sujet épineux, le puits sans fond des couples, le ravin des amitiés, le grand canyon des familles. Que ce soit en religion ou en politique, ne pas être du même bord fait frôler le désastre en permanence aux individus les mieux lunés. Alors, les autres … Bien sûr, son bord ne peut pas être bon lorsqu'il n'est pas le vôtre. Cela va sans dire. Comment le retourner sans douleur mais avec conviction ?

L'amour ne vous aveugle pas, ou alors seulement les jours de plein soleil. Votre HVV a les idées mélangées. Sûr que ça lui vient de sa mère.

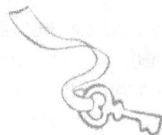

Petite vérification d'usage avant toute action. Répondez chacun à votre tour au psycho-test suivant. Comparez et déterminez quelle sorte de couple vous formez :

Vous êtes plutôt :   A – Gauche

B – Adroit(e)

Vous lisez de :   A – Gauche à droite

B – Droite à gauche

Quand vous sortez de chez vous, vous tournez plutôt :

A – À gauche

B – À droite

Vous êtes :   A – Gauchèr(e)

B – Droitièr(e)

Votre expression préférée :   A – Passer l'arme à gauche

B – Être droit(e) comme un i

Résultats du psycho-test :

☞ Vous obtenez un maximum de A : vous êtes une gaucho de première.

☞ Vous obtenez un maximum de B : vous êtes une fervente capitaliste.

☞ Il obtient un maximum de A : cherchez la pièce dans laquelle il cache ses réfugiés politiques et autres sans-papiers.

☞ Il obtient un maximum de B : confiez-lui vos économies, il les fera fructifier. Mais négociez fermement le taux d'usure qu'il vous appliquera.

Notre conseil : Privilégiez le couple AA qui a fait ses preuves et est reconnu par les gouvernements de toute l'Europe. Mettez aussi une option sur le couple BB, en veillant à ne pas torturer d'animaux.

En cas de couple AB : Transférez-lui vos extensions tandis qu'il sera occupé à défaire les nœuds marins qui le retiennent à la chaise. Offrez-lui l'intégrale de Bob Marley. Durant son sommeil, lisez-lui les œuvres de Georges Marchais. Exigez qu'il sauve tous les mois un cheval de l'abattoir. Instaurez d'urgence les toilettes sèches.

En cas de couple BA : Simulez une allergie aux poils et faites-lui subir une épilation en règle. Bannissez toutes les chaussures de curé et autres tongs de votre appartement. Offrez-lui un tee-shirt Groenland pour son anniversaire : « Sauvez un bambou, mangez un panda ». Exigez des tapis portant la mention : « tissés de la main d'un enfant ».

Débriefons

Il se peut que vous rencontriez quelques résistances, surtout s'il est issu d'une famille tout-en-A et vous d'une tout-en-B (et vice versa).

Restez patiente. Organisez des joutes oratoires entre famille et arrangez-vous pour faire venir votre lointaine descendance bretonne, même consanguine, ou encore les arrière-petits cousins par mésalliance de la grand-tante Agathe pour soutenir votre équipe. Servez des alcools frelatés à vos adversaires.

Exercice n°23 • Vacances à Pousse-aux-Embrouilles

Vous avez obtenu l'excommunication de Dédé le Barde et de Roro. Nini est partie en Ardèche traire des chèvres naines, la belle-famille se remet doucement de son dernier combat contre vos trisaïeuls vikings et vos parents vous cherchent en vain à Bourg-en-Bresse. C'est le grand départ, le moment attendu toute l'année : les vacances !

DANGER. OPASNOST. FARE. PERIGO. VESZELY.
ஆபத்த்ᵒ

Des vacances réussies débutent par une maîtrise parfaite du trajet. Pour cela, prévoyez le plan de route, imposez votre style :

Il veut partir à 6 h.	Soyez prête à 10 h.
Il prévoit une halte à 12 h.	Arrêt pipi toutes les 30 minutes.
Il achète des sandwichs à la station essence.	Repérez une petite auberge sur un chemin vicinal.
Il prétend filer tout droit sur l'autoroute.	Profitez de la quatorzième pause pour vous endormir dans un champ.

... /...

Il veut se rendre au fin fond de l'Ardèche.	Prenez la carte de la Côte d'Azur. Jetez le GPS.

Durant le séjour, soyez claire dans vos demandes afin d'éviter toute ambiguïté. Nous vous proposons ci-dessous un exemple sans équivoque : en reliant chaque point, il comprendra que vous souhaitez une promenade romantique sous un ciel étoilé.

Débriefons

Un cahier de 50 exercices serait impératif pour assurer la survie de votre couple en milieu vacancier hostile. Retenez une chose en attendant sa publication : les vacances sont sacrées, les vôtres de préférence. Si vous ne défendez pas votre vision de cette période – trop courte – de repos et de volupté, qui le fera ? Un seul credo, une seule ligne de conduite : « Do not disturb ! ».

Exercice n°24 • Voisiner

On ne le dira jamais assez, le voisin atterre au lieu de se taire. Les vôtres tutoient les décibels, jurent en trois langues et crachent dans vos géraniums. Ils élèvent un braillard qui s'appelle Émile et vaut à lui seul toute une maternelle prise en otage. Ils manifestent un enthousiasme sidérant pour la sardinade de balcon. Votre homme est pour la paix du voisinage, il ne dédaigne pas le pastis d'à côté, pétanque comme un furieux et vous lance en rentrant d'une énième beuverie de quartier : « *Sont chouettes les voisins, on devrait partir en week-end avec eux* ».

Il est temps de militer pour la sagesse proverbiale : « Chacun chez soi et les moutons seront bien gardés ! »

Le Vaudou est la seule issue possible. Établissez un plan d'action en cinq étapes que vous suivrez scrupuleusement. Inutile d'attendre la lune noire pour commencer.

1. Visualisation : asseyez-vous sur une chaise inconfortable (le bien-être nuit à l'exercice). Fermez les yeux et visualisez vos voisins dans leurs pires moments. Écrivez :

----

2. **Méditation** : empreinte de cette image d'horreur, listez ce que vous vou-driez que votre HVV fasse pour arrêter le massacre :

----

3. **Motivation** : rédigez une lettre de motivation anonyme à votre Homme en reprenant sous forme menaçante les idées ci-dessus. (Exemple : on va décapiter tous tes géraniums. On a les coordonnées de ta belle-mère pour lui raconter ta life…)

----

4. **Contamination** : après réception de votre missive, votre homme est interloqué. Soufflez un vent d'insinuations, glacez-lui l'échine au sous-entendu. Multipliez les exemples d'acrimonie de voisinage. Inventez ! Donnez quatre raisons à votre HVV de détester ses voisins :

----

5. **Incarnation** : enfin, découpez la poupée vaudou ci-dessous. Collez une photo de votre chéri sur son visage et quelques poils aux endroits stratégiques. Laissez-la traîner sur le paillasson au moment où il rentre d'un apéro de quartier avec une migraine carabinée. Hululez longuement quand vous la trouverez en hoquetant trois fois : « Ah, tu vois ? Tu me crois maintenant ! ».

Débriefons

N'abusez pas des épingles… on ne sait jamais.

5
•

Précis de philosophie
domestique : démembrer
la femme de ménage

Exercice n°25 • « Qu'est-ce que je te fais ? »

Quand vous l'avez choisi, il habitait seul dans un beau T3, toujours nickel. Vous l'avez cru autonome. Propre et bien élevé, quoi. Quelques années plus tard, il a tout perdu. Et principalement le sens du mot « initiative ». Oh, quand vous le lui demandez gentiment, il pense à faire la vaisselle – *« Attends, j'arrive, je sauvegarde ma partie ! »*. Si, il y pensait très fort, mais vous êtes tellement plus rapide que lui… La bonne vieille technique du planning s'est soldée par un échec. Vous êtes sur le point de vous résigner à : × vivre dans un dépotoir ; √ tout faire à sa place.

> Rendez la répartition des tâches ménagères plus ludique !

Fabriquez deux exemplaires de cette cocotte en papier

Suivez le mode d'emploi

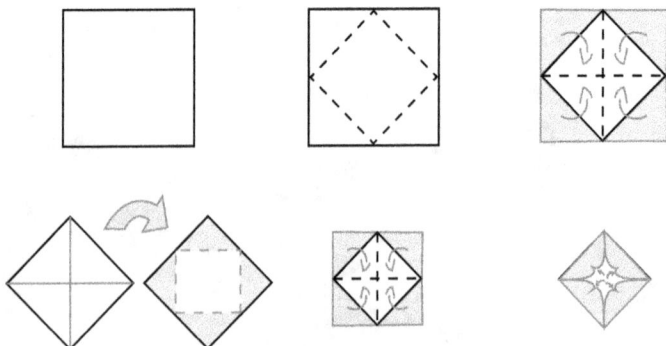

Le principe de la cocotte est simple. À tour de rôle, énoncez un chiffre. Choisissez la case correspondante. Lisez et exécutez :

La cocotte de Madame	La cocotte de Monsieur
♥ C'est l'heure de la sieste.	⚽ C'est l'heure de la poussière.
♥ C'est l'heure du bain.	⚽ C'est l'heure de faire les carreaux.
♥ C'est l'heure de l'apéritif.	⚽ C'est l'heure de partir en courses.
♥ --------------------------------	⚽ ------------------------------------
♥ --------------------------------	⚽ ------------------------------------
♥ --------------------------------	⚽ ------------------------------------
♥ --------------------------------	⚽ ------------------------------------
♥ --------------------------------	⚽ ------------------------------------

Débriefons

Ah, la joie des jeux d'enfants ! Un peu de rires, de légèreté et d'insouciance dans ce monde de contraintes ! Votre homme devrait en ressentir un ravissement immédiat. Il a un doute ? « Mais c'est le jeu, mon chéri ! Tu crois que c'est moi qui décide ? »

Exercice n° 26 • « Je travaille, moi ! »

Il ne fait rien, mais il a un argument imparable : il travaille ! Entendez : ☐ à temps plein et vous à mi-temps, ☐ quelques heures de plus que vous par semaine, ☐ sur un poste à responsabilités alors que vous êtes au bas de l'organigramme, ☐ pour un plus gros salaire que le vôtre. Alors, les tâches ménagères, faudrait pas abuser non plus ! La double journée de la femme ?... Connaît pas, non...

✆ *Exercez votre droit de grève.*

1. Avertissez :

Posez un **préavis** : comme dans la fonction publique, celui-ci doit être donné cinq jours francs (hors week-end et jours fériés donc) auparavant aux autorités hiérarchiques... Non, c'est une blague. Celui-ci est à effet immédiat !

2. Cessez totalement le travail :

« Totalement » signifie que vous ne faites pas le lit, même rapidement. Non, vous ne nettoyez pas la baignoire après votre douche. Ses chemises ? Pas vues. Au fond du panier à linge, probablement. Oubliez même de cuisiner. Oui, mourrez de faim.

3. Revendiquez :

Présentez des revendications d'ordre strictement professionnel :

- Une augmentation de salaire : réclamez un orgasme à chaque rapport (il est entendu que l'on obtient toujours 10 % du montant demandé...).

- Une amélioration du poste sécurité : reconnaissance des accidents de travail (trois jours d'arrêt par ongle cassé), prise en charge des frais de transport (de la chambre au salon), Réduction du Temps de Travail, semaine supplémentaire de congés (aux Bahamas).

- Sollicitez intéressement et participation : en tant qu'actionnaire de la boîte, vous avez droit à un retour sur investissement !

- Placez la barre un peu plus haut : faites appliquer votre Droit Individuel à la Formation (la sienne), demandez à passer cadre et à prendre un stagiaire (lui – au pire, une femme de ménage).

4. Agissez :

- Pas de bonne manifestation sans banderoles et slogans choc :

MACHO !
AU FOURNEAU !
LA BONNE
AURA TA PEAU !

- Barricadez les lieux : retrouvez la clé de la chambre et condamnez-le à dormir sur le canapé.

- Sabotez l'outil de loisir : débranchez la Box, videz les bières avant de les remettre au frigo, dégonflez les ballons, crevez les pneus...

- Fermez l'usine : ah il « travaille » ? Eh bien son bureau, qu'il aime tant, peut probablement l'héberger pour quelques nuits ?

- En dernier recours, séquestrez : ah il « travaille » ? Il peut poser un arrêt : les deux chevilles cassées, c'est quand même pas de chance...

Débriefons

Le boss n'est pas toujours celui qu'on croit. Déclinez les mots « chef », « supérieur », « patron », au féminin.

75

Exercice n°27 • Ménager son temps

Il a une autre excuse bidon : il lave trois assiettes en quinze minutes, balaye les toilettes en une demi-heure, et il lui faudrait probablement une demi-journée pour étendre une lessive – ça n'est qu'une estimation, il n'a jamais relevé le défi... Bref : il est beaucoup plus lent que vous. L'argument réclame sa réponse : entraînement maximal !

Inscrivez-le au Guiness des Records. Challenge et récompense le motiveront.

1. Inscrivez-le :

Rien de plus simple : rendez-vous sur le site internet du *Guiness des Records*. Faites une « demande accélérée » de dépôt de records et lancez donc les challenges :

Tâche	Temps max. imparti	Record actuel*
Repassage de 50 chemises	1 heure	
Vaisselle d'1 semaine (famille de 4 personnes)	45 minutes	
Récurage des toilettes et des faïences de la salle de bain (10 m²)	10 minutes	
Classement d'un lot de 30 produits de nettoyage selon leur catégorie (détartrants, désinfectants, détergents, abrasifs, absorbants, désodorisants)	5 minutes	

* Dans cette colonne, pas besoin de recherche documentaire : mettez votre propre temps.

2.Inspectez-le :

Pour homologuer sa performance, vous pouvez soit faire appel à un juge du *Guiness des Records* pour certification sur place (trop dangereux), soit en envoyer toutes les preuves au jury (plus sûr) :

- Créez un compte Twitter spécial, un groupe Facebook dédié à l'évène-ment... et commentez, avec tous les membres de la famille, en direct.
- Filmez-le... et partagez sur YouTube, DailyMotion...
- Bref, faites le buzz... et mettez-lui la pression avec un public motivé.

3.Récompensez-le :

En cas de réussite, votre homme recevra un certificat attestant de son/ses record(s). Donnez lui un avant-goût :

Certificat de Parfait Homme de Maison (PHM)

Délivré à : ....

Par : ....

Liste des records établis :

....

Débriefons

N'en faites pas trop : une fois votre HVV devenu PHM, des ☐ hordes de journalistes, ☐ groupies en furie, ☐ femelles à abattre pourraient se bousculer à vos portes, en faisant voler leurs sous-vêtements dans votre jardin. Être la femme d'un tel phénomène présente aussi des inconvénients...

Exercice n°28 • Les gestes qui défrisent

Il referme mal les bouchons des bouteilles de sodas qui en perdent leurs bulles. Il sort la poubelle, mais oublie de mettre un nouveau sac vide en place. Il garde tout : caleçons troués, pots de yaourt usagés, cure-dents utilisés, « *ça peut servir.* » Vous frôlez la crise de nerfs et retenez tant bien que mal vos hurlements.

Il faut qu'il apprenne et qu'il agisse sans plus tarder.

La règle d' « *Action ou vérité* » ? Vous lui demandez de choisir entre répondre à une question (simple) ou un gage (plus simple encore). En cas d'évitement ou de mensonge flagrant, le gage devient obligatoire.

VÉRITÉS	ACTIONS
En quelle année les chaussettes ont-elles eu des jambes pour se déplacer jusqu'au panier de linge sale ?	Tel le Petit Poucet, ramasser les vêtements semés et retrouver le chemin de la buanderie.
Via quelle technologie les lave-vaisselle se lancent-ils tous seuls ?	Remplir et lancer ladite machine. Sans les mains !
Combien faut-il de dernières feuilles pour faire un rouleau de papier toilette entier ?	Tapisser la cuvette de papier, AVANT de tirer la chasse.
Quel est le principal composant du dentifrice, justifiant sa fermeture par un bouchon ?	Prendre un bain de bouche au gravier.
Combien de lustres trouve-t-on dans la galerie des Glaces du château de Versailles ?	Vérifier tous les ¼ heures que les lampes des pièces inoccupées sont bien éteintes.

Inventez vos propres questions… et gages !

Débriefons

Les chaussettes sales en boule, les poils pubiens dans la douche, la lunette relevée et les gouttes au sol : y en a marre ! Dans quelle langue faut-il le dire ? C'est pourtant simple à comprendre, c'est quasi mnémotechnique : range ou je t'arrange !

Exercice n°29 • Il est malade, il dit qu'il va mourir

L'homme est rarement malade. Mais quand ça lui arrive, un simple rhume lui arrache des gémissements d'agonie et des angoisses post-traumatiques d'ancien combattant. Il refuse tout net de voir un médecin, on ne sait jamais : il pourrait le guérir. Il vous réclame un prêtre pour l'extrême-onction : il est temps de lui faire avaler la pilule.

Improvisez-vous docteur en médecine.

1. Diagnostiquez :

À l'instar d'un spécialiste, listez les symptômes et posez votre conclusion :

- Douleurs dans le dos, d'un seul côté, se poursuivant parfois dans la jambe et le pied, calmées par la position allongée. Fourmillements ou pertes de sensibilité. Éventuellement, blocage, paralysie.

  → Cas typique de <u>lombo-fainéantise</u>.

- Nausées, pertes d'appétit, crampes abdominales et vomissements, diarrhées, fièvre, maux de tête, accompagnés de déshydratation et, dans les cas extrêmes, de difficultés à uriner.

  → Cas courant de <u>capricio-entérite</u>.

- Lésions de la peau, de type déchiquetage, à contours irréguliers, avec démangeaisons intenses pouvant aller jusqu'à l'infection.

  → Cas classique d'<u>eczéma jolie-maternello-allergique</u>.

- Toux productive, accompagnée de difficultés et de râles respiratoires, d'une fatigue générale, de faibles fièvres, de douleurs de poitrine et de maux de tête.

  → Cas banal d'<u>impostite chronique aiguë</u>.

2. Prescrivez :

Selon les cas :

→ 1 dose de coup de pied dans le fondement matin, midi et soir, assortie d'un secouage régulier de type « prunier » ;

→ 2 comprimés d'indifférence (à avaler vous-même) : jusqu'à 6 par jour selon les plaintes du pseudo-malade ;

→ 1 traitement à base de méthode Coué : faites répéter au patient « *Je vais bien, tout va bien. J'aime ta mère* » (hors sujet mais possiblement efficace), jusqu'à complète guérison ;

→ Amputation. Séparez-vous de la partie malade du corps – la tête – et trouvez-en une de remplacement.

→ Il ne vous croit pas ? Composez un Vidal à partir de quelques brouillons.

Débriefons

Il paraît que les hommes fantasment sur les infirmières. Vous ne comprenez pas très bien pourquoi. Visiblement, ça ne fonctionne pas...

Exercice n° 30 • Vous sentez que c'est la fin, il dit que ça va passer

Ce matin, PATATRAC ! Au réveil, vous avez su, SU, que quelque chose de grave vous arrivait. Gorge serrée, tête lourde, nausées, vertiges, vous titubez jusque dans la salle de bain et là, HORREUR ! Une petite grosseur, juste là au coin du nez. C'est rouge et bombé. Indolore – ce sont les pires tumeurs, les silencieuses ! Il vous regarde et balance : « *C'est une piqûre de moustique. Hier, au barbecue, tu as trop picolé* ».

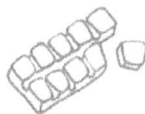

1. Dictez-lui votre testament :

Je soussignée _____,
désignée ci-après comme « le testateur », déclare :

Léguer à ma mort :

_____

à _____

_____

à _____

_____

à _____

_____

à _____

_____

à _____

Souhaiter que mon corps soit : _____

_____

_____

_____

_____

_____

Désigner :

_____

comme exécuteur de mes dernières volontés ;

_____

comme tuteur de mes enfants.

_Fait à _____, le ___/___/___ ._
Signature :

2. Faites-lui dessiner votre pierre tombale... :

3. ... et écrire votre épitaphe :

- -

- -

- -

- -

Débriefons

Pour l'instant, il en rigole. Mais il fera moins le malin quand – vous en êtes sûre – le dermatologue vous confirmera que cette chose, là, est un grave cancer du sillon naso-génien. Hypocondriaque ? Non, merci, ça ira.

Exercice n°31 • Caddygate

Courses [kuRs], n.f.pl. Grand moment de bonheur conjugal.

Tandis que vous arpentez méthodiquement les rayons de l'hypermarché pour ne rien oublier, votre HVV traînasse, dérive et parfois bougonne contre □ ce temple voué au culte capitaliste, s'il est AA, □ ce repère de denrées au rabais, s'il est BB (*cf.* exercice 22). Deux solutions : vous le trucidez à grands coups de jambon de Bayonne, ou vous lui apprenez à prendre la relève.

Sauvez un jambon, éduquez votre homme.

1. Apprenez-lui à déchiffrer une liste de courses :

C'est un petit veinard : vous l'envoyez en première ligne, mais vous lui avez tout de même préparé une liste... Il ne lui reste qu'à remettre les lettres dans l'ordre :

ISETATGHSP	S _ _ _ H _ _ _ _ _
SBITICUS	_ I _ _ _ I _ _
GEUNARS J'OD	_ _ _ D' _ _ _ _ _ _
MEABERMTC	C _ _ _ _ _ _ _ T
HAESACCKS STEH	_ _ _ A _ _ _ _ A _ _ _ _
MIEET CALRE	_ _ _ T E _ _ _ _ _
NBEAASN	_ _ N _ _ _ S
AEESELRC	_ _ R _ _ L _ _

2. Habituez-le progressivement à courser sans rechigner :

Procédez par étapes :

→ Première semaine : allez faire les courses avec lui. Il pousse le caddy.

→ Deuxième semaine : allez faire les courses avec lui. Il pousse le caddy et décide du trajet dans les rayons, d'après la liste de courses.

→ Troisième semaine : allez faire les courses avec lui. Il pousse le caddy, décide du trajet, choisit les produits.

→ Quatrième semaine : allez faire les courses avec lui. Restez dans la voiture et prévoyez un livre, *Les Misérables* d'Hugo ou la trilogie de Murakami.

3. Chronométrez-le :

Maintenant qu'il est autonome, lancez-lui des défis toujours à partir de votre liste :

1) Le caddy le moins cher possible

2) Le caddy à montant imposé

3) Le caddy en moins d'une heure

4) _____

5) _____

6) _____

Débriefons

En cas d'échec, prenez beaucoup de recul. Disons 500 mètres… et profitez-en pour faire les courses.

Exercice n°32 • Déjeuner en paix (et au lit)

Votre pédagogie porte ses fruits. Votre HVV vide l'évier qui est plein, lance quelques lessives et sépare le blanc de la couleur. Il a compris que la cuisine n'était pas un don inné mais un art qui s'acquiert… Bref, il rend hommage à Pierre de Coubertin et participe. Mais s'il veut la première place aux Jeux olympiques de PHM, il va lui falloir repousser ses limites… dès les premières minutes de la journée.

Faites ce test pour savoir si vous réussirez à en faire un Stéphane Eicher.

Vous vous levez… :		
★ Avant lui. Réveillée depuis des heures par ses ronflements.	✾ En même temps que lui. Ça entretient la complicité.	♌ Après lui. Pour lui laisser le temps de s'occuper des enfants : il aime tellement ça…
La table du petit-déjeuner… :		
✾ C'est chacun son tour. Ou pas. Rien n'est figé dans le marbre.	♌ C'est toujours lui qui la met. Puisque vous dormez encore.	★ C'est toujours vous qui la mettez. C'est le rôle d'une femme, non ?
Pendant que vous mangez… :		
♌ Il se tait. Et vous écoute religieusement raconter vos rêves de la nuit.	✾ Vous vous regardez et vous souriez. Ambiance « *Le soleil vient de se lever, encore une belle journée…* ».	★ Il allume *Eurosports* et commente bruyamment chaque résultat. Puis il zappe sur *BFM*.

… /…

Vous prenez votre café... :					
✸	Décaféiné.	♌	En riant.	✾	Dans une tasse.

Vous le regardez... :					
✾	Avec vos yeux.	✸	Lorsque vous enfilez vos lunettes. Sinon, vous êtes myope.	♌	À peine.

Le petit-déjeuner au lit, c'est... :					
♌	Tous les jours qu'il vous l'apporte. Normal.	✾	Une surprise, parfois de l'un, parfois de l'autre, parfois pour la Saint-Valentin, parfois pour la Saint-Épeautre.	✸	Un cadeau que vous lui faites chaque dimanche, comme un gage de votre reconnaissance qu'il soit encore là.

Résultats

Majorité de ✸

C'en est fini de vous : laxative de la pire espèce, vous prenez soin de lui dès que vous ouvrez les paupières. Il est votre premier – non – votre seul et unique souci. Il ne manquerait plus que vous l'aidiez pour son petit rototo (on ne voudrait pas vous donner des idées). Chez vous, c'est « Monsieur est servi ». Ne venez pas vous plaindre.

Majorité de ♌

C'en est fini de vous : authentique bourreaucrate, Monsieur est là pour vous à temps plein. Quand il ouvre la bouche, un seul geste de votre part suffit à la lui faire refermer. Vous dégainez votre fouet à la moindre occasion… mais vous a-t-on dit que l'esclavage a été aboli ? Attention à ce qu'il ne jette pas sa gourme par-dessus les moulins. Ah, vous avez lu « gourde » ?

Majorité de ✂

Vous êtes diplômée es bilatéralisme. Vous pouvez postuler pour rejoindre le prestigieux comité d'écriture de ce livre. Ah non, trop tard, la place est prise.

Débriefons

L'HVV est bien éduqué : il attend que vous vous réveilliez et que vous vous leviez enfin, il souffle sur les braises pour qu'elles prennent... Attention, dans la chanson, il lui fait un bébé pour Noël.

6.

Éviter que le moutard ne vous monte au nez

$\mathcal{E}$xercice n° 33 . Vos enfants : première rencontre

Maintenant que vous avez testé la vie commune et mis un peu d'ordre dans vos priorités, il est temps de sortir les lapins du chapeau. À vous deux, vous avez quatre enfants, il va falloir s'en accommoder. L'honneur revenant aux dames, vous demandez à lui présenter les vôtres en premier. Avantage, deux points partout, la balle au centre.

Vous avez deux filles, Camille et Madeleine (eh oui, la comtesse de Ségur frappe toujours deux fois).

1. Complétez l'album de famille avec vos deux mignonnes. Dessinez-les, une photo serait compromettante, en révélant qu'elles ont le tempérament d'une Sophie « au carré ». Mais vous ne l'admettrez pas, même sous penthotal. À lui de trouver qui est qui.

Le jour J, instaurez une partie de colin-maillard pour favoriser le premier contact. Attachez-lui les mains dans le dos pour corser l'exercice.

2. La sincérité et l'honnêteté sont des valeurs fondamentales dans vos choix éducatifs. À l'heure du goûter, votre HVV doit répondre aux cinq questions les plus gênantes de vos filles. Entraînez-le :

- Tu couches avec maman ?

- C'est quand que tu vas mourir ?

- Tu gagnes beaucoup d'argent ?

- _____

- _____

3. Sous leurs yeux, votre chéri doit maintenant écrire un poème à chacune en utilisant les lettres de leurs prénoms. Il va s'accrosticher les cheveux, mais bon.

C A M I L L E	M A D E L E I N E

Débriefons

Camille et Madeleine sont reparties les mains pleines de cadeaux. Elles ont joué quatre heures durant à « Porte-moi, je suis une princesse » occasionnant un lumbago mythique à votre homme. Elles lui ont ruiné son costume Versace. La prochaine fois, prévoyez un tablier de nurse. Un massage aux huiles de mandarine et de lavande devrait aplanir cette première rencontre.

Exercice n°34 • Il n'aime pas la chair de votre chair

Vous sentez sa tension et ses réticences à partager une grande maison familiale où vos filles chéries cohabiteraient avec ses deux ~~monstres~~ garçons. Vous pourriez vous braquer et sortir de sa vie en vous drapant dans votre maternité. Cette option ayant déjà été explorée à quatre précédentes reprises sans succès, vous décidez de tenter autre chose. (C'est ça ou le célibat en maison de retraite.)

Traitez le mâle par le mal !

Les cas aigus et spontanés de *bambinophobie* – appelée aussi *girlyphobie* quand elle ne concerne que des petites filles – ne sont pas rares. Sous le coup de la honte, la victime se tait ou pire, nie l'évidence. Ne vous laissez pas désarçonner, suivez les étapes de la désintoxication :

1) **Information** : le phobique doit identifier sa peur et en savoir le plus possible sur elle. Profitez de ce lumbago expiatoire pour raconter à votre HVV toute l'histoire de vos filles, du moment de leur conception jusqu'à aujourd'hui.

2) **Exposition** : mettez-le à plusieurs reprises au contact de vos charmantes, dans un environnement contrôlé – sa voiture par exemple. Commencez par une petite heure, puis augmentez la dose jusqu'à une journée complète.

3) **Déconnexion** : par des exercices simples, exécutés avant, pendant et après les séances, dédramatisez la situation. Qu'il répète cinq fois après vous :

• Tout va bien, le monde me sourit.

• Je profite de chaque instant passé en votre compagnie.

• J'aime ta mère (hors sujet, mais possiblement efficace).

- _____

- _____

- _____

4) **Gratification** : la récompense est la clef de la réussite des thérapies cognitives. N'oubliez JAMAIS d'offrir quelque chose à vos filles pour les remercier de leur participation. Plus elles auront été inventives, plus la récompense sera conséquente. Prévoyez le barème :

ACTION	RÉACTION
Elles ont hurlé pendant deux heures consécutives.	
Camille a bouché les yeux de votre homme pendant qu'il fonçait sur l'autoroute.	
Madeleine a ouvert sa portière et détaché sa ceinture devant un car de police.	
Le portable a été jeté par la fenêtre.	
Elles l'ont enfermé deux heures en plein soleil sur une aire d'autoroute.	
Elles ont donné ses clefs et son permis à un trafiquant moldave.	
Elles se sont gavées de cassoulet avant le départ.	
Elles ont chanté « *Baby, baby one more time* » entre Toulouse et Strasbourg sans interruption.	
Elles ont customisé la carrosserie avec des autocollants *Mathieu le degueu, Simon le cochon, Pervers Bébert, et Alphonse défonce.*	

Débriefons

Camille et Madeleine ont une imagination sans limites. Ce sont d'adorables pestes qui savent vous faire rire. Votre homme l'aura vite intégré si vous ne lâchez pas l'affaire. De sévères rechutes sont signalées au moment de l'adolescence. Mais vous éviterez le sujet pour l'instant. À chaque jour suffit sa peine.

Exercice n°35 • Ses morveux sont insolents

Pierre et Paul (les PP) sont les jumeaux de votre HVV. Leur cas est aggravé par leur mère, cette pochtronne de Nicole à qui il fallait bien deux gaillards pour affronter la tétée en 95 Z. Quand votre chéri vous les a présentés, ils étaient tout beaux, tout propres. Mais vous n'êtes pas dupe, ces deux-là sont des parasites de l'état amoureux.

Ne vous fiez pas aux apparences. Les jumeaux sont toujours diaboliques, ou alors ce sont des dingo-zygotes.

Faites le petit test suivant : cochez les comportements observés

☐ Les PP ont dit bonjour	☐ Les PP ont dit merci
☐ Les PP vous ont souri	☐ Les PP se sont lavé les mains en sortant des toilettes
☐ Les PP ont aimé vos épinards	☐ Les PP ont la fossette de leur père
☐ Les PP sont contents pour leur père	☐ Les PP vous ont souhaité la bienvenue
☐ Les PP ont dit qu'ils vous aimaient déjà	☐ Les PP vous ont embrassé et crié *« À bientôt ! »*

Vous avez moins de 2 points : *la situation est claire, les PP veulent vous en faire baver. Ils agissent frontalement, avec l'accord de leur père et l'appui sans condition de leur mère. Ils vous mèneront une vie d'enfer, seront impolis et probablement sales. Risque de contamination pour vos deux aimables.*

Vous avez entre 3 et 6 points : *les PP se sont concertés avant de venir. Leur père leur aura fait la leçon, leur mère est sous benzodiazépine. Dès que cette dernière sortira de sa dépression, elle les montera contre vous au triple galop. Risque d'entente illicite avec vos deux charmantes.*

Vous avez plus de 6 points : *état d'urgence, alerte maximale, anticyclone en vue. Les PP simulent ! Leur mère a repris la picole et mis en place une stratégie pour récupérer son HSV qui se trouve être <u>votre</u> HVV ! Fouillez l'appartement après leur visite, ne négligez aucune cachette possible. Ne vous couchez pas sans regarder dans vos draps. Offensive séductrice assurée sur les deux sottes à couettes qui ne manqueront pas de succomber.*

CONTRE-ATTAQUEZ :

Plan 1 : Organisez un jeu de fléchettes volant. L'équipe des filles contre celle des garçons. Ces derniers enfilent les maillots à cibles, tandis que vous vous emparez des fléchettes. Dites à votre homme qu'il s'agit d'un jeu éducatif.

Plan 2 : Proposez une sortie bowling. Les enfants contre les parents. Bandez les yeux de votre cher et tendre sous prétexte qu'il est trop fort à ce jeu. Envoyez les PP au fond de la piste – pour chercher un cadeau / un gros billet / un sac de pièces d'or – entre les quilles. Faites tirer vos charmantes en même temps.

Plan 3 : C'est vous qui l'inventez. Les auteurs refusent de prendre la responsabilité du tir à l'arc en forêt qui leur a été suggéré par l'éditeur.

_ _

_ _

_ _

_ _

Débriefons

Si votre amoureux prend la mouche et trouve que vous en faites trop, s'il vous accuse de favoritisme et menace de claquer la porte, sanglotez en lui révélant que cet entraînement vous vient d'un parent, amateur d'épopée militaire. Choisissez au hasard parmi les morts de votre lointaine famille. Ne lésinez pas sur le souvenir tragique. Exigez le secret.

Exercice n° 36 • Ses morveux vous détestent

Tandis que vos charmantes affichent haut et fort la couleur – vous appréciez la sincérité – vous ne savez pas sur quel pied danser avec les PP. Sont-ils doublement parfaits ? Mentent-ils comme des tortionnaires de caries ? Sans hésiter, vous optez pour cette solution qui vous paraît plus logique et ne discrédite pas vos deux tourterelles.

Reste à en persuader votre HVV pour qu'il prenne les mesures qui s'imposent. Agissez avec votre habituelle subtilité, ce n'est pas le moment de sortir l'artillerie lourde. C'est l'heure dorée du conte. Installez les petits PP, vos adorables et votre HVV dans une grande prairie à proximité d'une forêt et contez-leur l'histoire des *Petits Poucets* :

« Un bûcheron et sa femme alcoolique n'ont plus de quoi nourrir leurs deux garçons. Un soir, alors que les enfants dorment, les parents se décident à les perdre dans la forêt. « Chic, chic » dit la mère qui boit comme un trou. Dès le lendemain, ils les entraînent au fond des bois et s'enfuient en courant. Les deux enfants se lamentent et se tordent les mains de désespoir.

Ils arrivent alors devant une chaumière et demandent à y loger. La femme habitant en cette maison essaie de les persuader de ne pas entrer. Elle leur explique à coups de gourdin qu'il n'y a pas assez de place, qu'elle a déjà deux filles, qu'elle est très occupée et qu'elle n'aime pas les garçons de moins de dix-huit ans. Mais les Petits Poucets ne veulent rien savoir. Ils ont peur des loups dans la forêt et insistent pour entrer.

Dès qu'ils sont dans la place, la femme court les cacher dans un vieux placard moisi. « Vite, vite, se met-elle à crier, voilà les ogresses ! » Et, de fait, deux charmantes enfants se précipitent dans la cuisine. On les entend rire, puis elles crient avec une voix effrayante : « Maman, nous avons GRAND FAIM » ! Elles hument l'air de leurs nez ravissants et s'exclament : « Mais ça sent la chair fraîche, ici ! »

Quand elles ouvrent la porte du placard, armées de couteaux et de fourchettes géantes, les deux Petits Poucets qui n'en mènent pas large les bousculent et détalent comme des putois. Folles de rage, les deux ogresses se lancent à leur poursuite.

On dit qu'elles appelèrent longtemps les Petits Poucets, puis qu'on n'entendit plus rien et qu'aujourd'hui encore, on ne sait pas ce qu'il est advenu des malheureux enfants que leur père avait condamnés à un si triste sort, au lieu de les laisser chez leur mère qui, bien qu'alcoolique et dégénérée, n'aurait jamais pensé à les manger elle-même. Quoi que... »

Débriefons

Avant de revisiter l'histoire d'Hansel et Gretel, vérifiez que votre HVV n'est pas en train de relire le conte de Peau d'âne. Si c'est le cas, hissez le drapeau blanc.

Exercice n°37 • Un enfant : JA-MAIS !

La paix est revenue au foyer et finalement, tout le monde arrive à peu près à s'entendre. Vous avez synchronisé vos gardes alternées pour profiter de longs week-ends en amoureux. Une ombre plane cependant sur votre idylle. L'un de vous rêve d'agrandir la famille et d'offrir un cinquième larron à une progéniture pourtant bien fournie. L'autre résiste. Oui, mais lequel ?

Attention, soyez vigilante, un accident est vite arrivé (ou alors c'est que vous le faites exprès.)

OPTION A :

Il lorgne sur votre ventre redevenu plat au prix des pires sacrifices. Il rêve de le voir se couvrir de vergetures. Il soupire après les fraises et regarde en boucle *Trois hommes et un couffin*. Bref, il veut un enfant.

☐ Triplez votre moyen de contraception.

☐ Remplissez les préservatifs d'eau pour vérifier leur étanchéité.

☐ Faites-lui visionner votre premier accouchement.

☐ Proposez-lui de devenir donneur anonyme .

☐ Offrez-lui une *reborn doll*[1].

---

1. Poupée hyperréaliste de nourrisson qui permettait de compenser l'absence de nouveau-né.

☐ ~~Volez~~ Empruntez un bébé et laissez-le brailler deux jours et deux nuits.

☐ Organisez-lui une soirée pyjama avec toutes les copines de vos filles.

☐ En dernier recours : faites-vous opérer.

Si vous avez coché moins de quatre cases : *vous allez vous faire avoir, c'est certain. Manque de pugnacité.*

Si vous avez coché plus de quatre cases : *vous en faites trop, c'est suspect. Avouez que vous avez déjà choisi les prénoms.*

OPTION B :

Vous avez des sautes d'humeur. Vous pleurez quand vos charmantes s'en vont, vous sanglotez quand elles reviennent. Vous écoutez en boucle « *C'est mon fils, ma bataille* ». Vous avez ressorti votre salopette de parturiente et la portez avec un coussin. Bref, vous voulez un enfant.

☐ Jetez tous les moyens de contraception.

☐ Percez les préservatifs dont il se sert habituellement.

☐ Faites-lui visionner l'accouchement de ses premiers fils.

☐ Proposez-lui d'être mère porteuse.

☐ Prenez la *reborn doll* chez vos amis.

☐ Empruntez un bébé. Ne le rendez pas.

☐ Quittez votre job en or et devenez baby-sitter.

☐ En dernier recours : optez pour le GHB.

Si vous avez coché moins de quatre cases : *vous avez menti.*

Si vous avez coché plus de quatre cases : *vous allez gagner.*

Débriefons

À l'inverse de l'exercice 22, ce sont ici les couples AB et BA qui sont parfaitement assortis. À part ça, vous ne trouvez pas que ça sent un peu le roussi, là ?

Exercice n°38 • Votre bambin : préparation à l'accouchement

Et ce qui devait arriver arriva : à force de bisous et de mamours, vous voilà enceinte ! Quand vous l'avez annoncé à votre homme, il n'a pas tout de suite réagi, affairé qu'il était à préparer ce séminaire super important à Paris. Mais depuis qu'il est de retour au foyer – grâce à votre père qui est allé le chercher jusque sur la piste de décollage, alors qu'il s'enfuyait pour le Brésil – il a l'air d'apprivoiser l'idée. Votre bonnet D l'y a fortement incité. Mais la délivrance approche, et de nouveau, c'est la panique. Que faire ?

> Durant les neuf mois de la grossesse, suivez tous les deux l'entraînement de fond ci-dessous. Matériel nécessaire : ses deux mains en alternance, la discographie d'un groupe de heavy metal, la quadrilogie Alien en DVD.

1. Chaque soir avant d'aller au lit, imposez à votre compagnon une petite partie d'osselets. Avec ses phalanges.

Le premier trimestre, commencez doucement avec un massage des mains : après application d'une huile de base, pratiquez partout de petits pincements en vous servant du pouce et de l'index.

Le deuxième trimestre, intensifiez le massage par une compression : tenez l'ensemble de ses doigts dans l'une de vos paumes et serrez. Comme si votre vie en dépendait.

Les trois derniers mois, composez la *Cinquième Symphonie* de Beethoven avec le cliquetis de ses phalanges. Le jour J, vous leur ferez jouer des claquettes.

2. En journée, entraînez les oreilles de votre chéri à vos futures vocalises.

Rassemblez tous vos CD et ceux de votre homme dans une grande malle, enfermez-les à double-tour à la cave ou au grenier. Si vous n'avez pas de malle, jetez tout par la fenêtre. Puis, remplacez vos musiques de Bisounours par la discographie d'Alice Cooper, de Napalm Death, de Cradle of Filth ou encore de SlipKnoT. Veillez à les écouter régulièrement, à la maison, dans la voiture... et à chanter le plus fort possible. La fausseté de la voix serait un plus. Évitez autant que possible les aigus : les contractions ne feront pas de vous une soprano.

Attention : ne choisissez pas des groupes tels qu'Aborted ou Dying Fetus, cela pourrait être mal pris.

3. Habituez-le progressivement à LA rencontre du troisième type.

Une semaine avant le jour fatidique, il va falloir que Monsieur prenne conscience qu'il y a bel et bien une créature, oui, un être vivant, dans vos entrailles : le visionnage en boucle des *Aliens* permettra de dédramatiser la situation. « *Regarde, chéri, tout ce sang, Ripley elle gère ça très bien, elle* ». Gardez quand même des sels ammoniaqués à portée de main.

Débriefons

L'accouchement est un moment difficile dans la vie d'un homme. Cet entraînement ne peut que lui être bénéfique. Il est au bas mot, nécessaire. En cas d'indiscipline aiguë, n'hésitez pas à introduire quelques variantes (exercice de simulation de départ, inspection surprise sur le lieu de travail, dissimulation du paquetage...).

Il ne faudra pas, cependant, négliger de le récompenser pour ses efforts. Veillez à rester fraîche et dispose pendant toute la période du travail : dites non au mascara qui coule comme au fond de teint qui grumelle et gardez le sourire ! L'instant n'en sera que moins douloureux pour lui.

Exercice n°39 • Il ne change pas la grosse couche

Vous voici à la tête d'une tribu qui braille de jour comme de nuit. Plus une minute de repos. Vous avez l'œil hagard, le cheveu mou, le ventre flasque et les seins en bouillie. Votre conception d'une bonne nuit est de dormir plus d'une heure d'affilée. Vous êtes au cœur de votre projet de vie : la famille ! Mais il y a un hic et même un hoc. Votre HVV se comporte comme s'il n'avait jamais eu d'enfant. Réagissez !

Demandez à votre mère de venir garder le club des cinq jusqu'à nouvel ordre. Sortez votre boîte de travaux manuels.

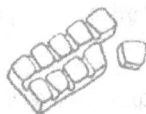

1. À l'aide d'une aiguille et d'une bonne paire de ciseaux, personnalisez le dernier costume préféré de votre amoureux (l'homme qui vous regarde en ce moment même comme si vous arriviez de Vénus). En panne d'inspiration ? Pas de panique, nous sommes là pour ça :

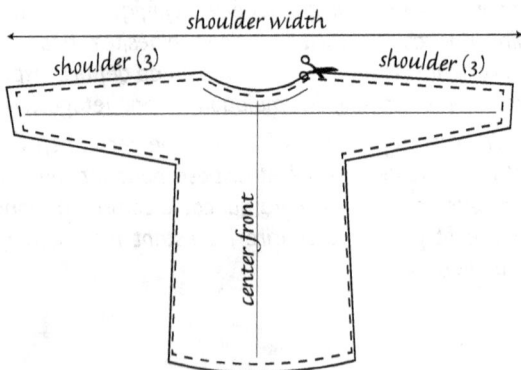

2. N'oubliez pas l'écusson. Pour cela, détournez celui d'un sympathique sapeur-pompier que vous aurez fait venir pour un malaise vagal et laissez libre cours à votre légendaire créativité :

Remplacez « *Sapeur Pompier* » par « *Super Papa* » et ajoutez « *Servir ou Périr* » avec du fil à broder.

3. Après avoir enfermé les enfants dans leurs chambres, quittez le foyer en laissant un magnétophone bien en vue sur la table du salon. Déclenchez le bouton *Start* à distance au retour de votre HVV.

« Votre mission, si vous l'acceptez (et croyez-moi, vous l'accepterez), sera de garder les enfants et de les nourrir. SEUL. Dans l'enveloppe qui est à côté du magnétophone vous trouverez les instructions :

_____

_____

_____

Ce message s'autodétruira dans quelques secondes. »

Débriefons

Pensez à mentionner la présence de votre espionne de mère. Mettez les photos des enfants avec leurs particularités, leurs horaires, leurs dégoûts, etc. dans l'enveloppe. Prévoyez un plan d'évacuation d'urgence. Alertez les secours.

Exercice n°40 • Bébé reçoit du monde

Depuis que Bébé est là, vous n'avez plus de vie sociale. Dédé le Barde lui a composé une ritournelle, mais il fuit le quartier et même la ville. La bande de copains a migré au café des sports de Gyf-sur-Yvette, tandis que Nini et Jean-Charles-Édouard vous promettent leur visite « mais après le 21 décembre 2012 ». Pilotez votre HVV pour qu'il organise une grande fête de retrouvailles.

Un thème fédérateur s'impose. Il sera obligatoire comme la présence des invités : un goûter presque parfait !

1. Tout comme dans la célèbre émission de télévision, faites-lui envoyer une invitation à tous vos amis mentionnant qu'il s'agit d'une fête thématique.

Retrouve-moi à 15h00 tapantes
pour chanter loukouïdi, loukouïda.
Viens costumé en bébé, on se tapera
une grosse bouillie pour fêter mes six mois.
Ramène des fraises Tagada et
une bouteille de Champomy.

**Coller ici
la photo de
bébé à table**

Cadeaux et présence indispensables
Aucun mot d'excuse ne sera accepté

2. Pour vous assurer la présence de tous les invités, demandez à votre cher et tendre d'affirmer à chacun d'entre eux qu'il sera la marraine ou le parrain de bébé. Déployez vos plus beaux arguments :

- On ne voudrait personne d'autre que toi ma chérie !

- Tu serais l'homme de la situation, si nous venions à... enfin, tu vois quoi... si on avait un accident.

- _____

- _____

- _____

3. Faites-lui préparer un menu original : mise en bouche, entrée, plat, dessert, fromage, salade :

- _____

- _____

- _____

Débriefons

Si ces arguments ne suffisaient pas à les faire accourir, demandez à votre HVV de leur envoyer à tous un recouvreur de créances musclé.

Exercice n° 41 • Le syndrome de la baby-sitter

Le goûter a mal tourné. Roro a planqué son alcool maison dans la bouteille de jus de mangue et vos adorables ont régurgité leur goûter sur les PP qui ronflaient sur le balcon parmi les mégots de votre bande de potes. Votre chéri est en colère. Il exige une baby-sitter. Mais celle qu'il a sélectionnée – sans vous consulter – est une bombasse de première.

Soyez lucide. Vous n'allez pas retrouver votre taille de jeune fille. N'en laissez pas traîner une chez vous.

ACTE 1 : Il est temps de mettre à l'honneur une série de films qui vont vous permettre d'alerter votre HVV sur la présence d'une baby-sitter. Une fois les enfants couchés et munis de bonnes boules Quiès, installez-vous en amoureux devant votre spéciale « *Dernière séance* » :

→ ***Mary Poppins*** : vous demandez bien évidemment à votre HVV de répéter dix fois de suite et le plus rapidement possible la célèbre formule : « *supercalifragilisticexpialidocious* ». Car, ainsi qu'il doit le savoir, Mary Poppins est la star, la déesse, le référent absolu de toutes les baby-sitters. S'il se trompe, repassez le film jusqu'à ce qu'il y arrive. « *Question de respect !* »

→ ***Madame Doubtfire*** : avec ces implants mammaires révolutionnaires et le miracle de la chirurgie plastique, on ne sait plus à qui on se frotte. Restez légère sur le sujet, c'est un sujet sensible chez l'homme. Recommandez-lui cependant de ne jamais tourner le dos à la nouvelle baby-sitter : « *Question de bon sens !* »

→ ***La main sur le berceau*** : avec cette projection, vous entrez tout droit dans le temple de la psychose. Soulagez votre HVV avec des compresses de bleuets et quelques granules de camomille que vous ferez passer avec un double malt (sans glaçon merci). « *Question de prudence !* »

→ ***Baby-sitter wanted*** : il s'agit de terminer en apothéose sur LE film d'horreur. Hémoglobine et brutalités garanties, forcez sur le son et l'effet sampling. C'est le grand problème de la jolie baby-sitter : elle attire le serial killer, le démon orgiaque et les bandes de cinglés éphèbophiles. « *Question de sécurité !* »

ACTE 2 : Sortez le CV du parfait baby-sitter que vous avez reçu seule, pendant que le reste de la famille s'adonnait à une sieste collective. « *Question de lucidité !* »

Débriefons

RIDEAU : La question est définitivement réglée.

On vous l'aurait bien fait colorier, mais vu l'heure...
Enfin... si vous insistez.

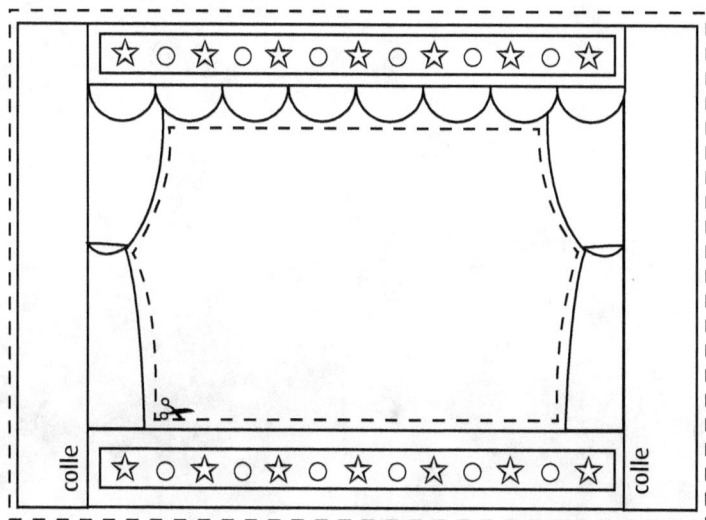

7.

Se crêper le chignon sans s'arracher les cheveux

Exercice n°42 • « Fais-moi mal, dis-moi des gros mots »

L'exercice n° 28 a salement dérapé sur LA chaussette humide surnuméraire. Vous auriez pu en rester là, mais vous lui avez rappelé à quel point cela faisait de lui le digne fils de son abruti de père, celui qui a deux pieds gauches pour débarrasser la table. C'est, vous a-t-il rétorqué tout de go, toujours mieux que de se trimballer une culotte de cheval plus flasque que celle de votre harpie de mère. Et en moins de temps qu'il n'en faut pour se baisser, ramasser l'objet du crime avec des pincettes et le déposer dans la machine à laver, vous voilà en train d'échanger des noms de fiente d'oiseaux. Que faire ?

Pour vous insulter en toute harmonie, préparez votre dispute avec les exercices ci-dessous.

1. Invectivez-vous, oui, mais pas comme tout le monde ! Laissez aux placards les « salaud » et « petite conne » qui ont fait leur temps. Marquez votre originalité, lancez un concours de jurons ! Listez ci-dessous et en alternance dix insultes grasseyantes que vous aurez inventées et dont vous saurez faire usage avec parcimonie, pour désamorcer l'escarmouche. Dédramatisez par l'hilarité, et comme il est d'usage dans les bateaux qui sombrent, appliquez cette célèbre maxime : « Les femmes d'abord ! ».

Exemples : Tronche à fistule ! ou encore Pédoncule à lunettes ! Ou bien, plus osé : Sodomite de boîte à œufs ! / Pimprenelle de souk !

_ _

_ _

_ _

_____

_____

_____

_____

_____

_____

_____

2. À l'inverse, Madame, énumérez trois insultes totalement in-ter-di-tes, que vous refusez d'entendre, même s'il s'agissait de la dernière dispute de votre vie...

_____

_____

_____

3. ... et accordez ce droit à Monsieur d'avoir lui aussi ses petites zones de susceptibilité en lui permettant de prohiber trois jurons (vos préférés sans doute) :

_____

_____

_____

4. Lancez la joute jusqu'à épuisement des partenaires. L'utilisation des mots interdits entraîne la disqualification immédiate et provoque l'arrêt du concours. Les enfants peuvent servir d'arbitres et veiller à la parfaite application des règles, ce qui leur interdit, *de facto*, toute participation active.

Variante : Sortez le jeu de l'oie familial pour déterminer les ordres de passage. Le gagnant aura le droit de lui plumer le croupion.

Débriefons

On s'aime sincèrement, mais on finit tout de même par s'emberli-ficoter le berlingot. Ça n'est pas incompatible. La plupart du temps pour des histoires de socquettes, si, si. Cela peut même soulager. Toutefois, personne n'a envie de terminer devant le juge, avec son linge sale qui fume encore. Il faut donc veiller à ne pas pousser Pépère trop loin, tout en lui apprenant que Mémère n'apprécie guère les orties ! Pour ne pas blesser définitivement l'être aimé, ni s'en attirer les foudres irrémédiables, glissez dans la liste ci-dessus quelques mots salaces réutilisables lors de l'exercice n° 45.

Exercice n° 43 • Vaisselle cassée, c'est la fessée !

Les mots, c'est votre domaine, tout le monde le sait. Alors Monsieur, un brin mesquin, esquive l'escarmouche à l'oral et passe aux actes. À moins que ce ne soit vous qui ayez lancé les hostilités ? La réponse reste floue. Une seule chose est sûre : votre salon est devenu le stade d'un bien étrange championnat, et vous vous préparez à monter sur le podium de cette Coupe du monde de frisbee-assiettes…

Préparez vos futures scènes de ménage en anticipant, avec l'exercice suivant, le moindre geste de l'adversaire…

La clé de voûte du couple, c'est la ré-ci-pro-ci-té. Du moins, c'est ce que vous lisez à longueur de *Babi* et autres *Galmour* depuis des années. Les deux partenaires doivent être sur un pied d'égalité. Petit rappel : la même règle s'appliquait jadis aux duels... *Si vis pacem, para bellum*[1]. Travaillez dès à présent votre uppercut, affûtez votre lame, entraînez-vous à recharger votre fusil... pour, le jour J, avoir le choix des armes.

Organisez une réplique à chacune de ses attaques potentielles. On n'est pas vaches, on vous donne quelques exemples :

Il a osé	Je lui réponds en
... casser les verres en cristal du mariage de Papa et Maman.	... rayant au moyen d'une clé son « bébé » motorisé qui dort dans le garage.
... lacérer mon vieux fauteuil en cuir, hérité de Mamie.	... lavant son t-shirt favori de Marseille-Saint-Germain ou de l'Olympique de Paris à la Javel.
... balancer un coup de pied à Ronron mon adorable chat.	... attachant entre elles les oreilles de Civet, son abominable lapin.
...	...
...	...
...	...

Astuce ! Louez *La Guerre des Rose* en DVD, ce film de Danny DeVito dans lequel Michael Douglas et Kathleen Turner, après quelques années de mariage, se pourrissent mutuellement la vie... et prenez-en de la graine !

---

1. Qui veut la paix prépare la guerre.

Les Rose, leurs petites bassesses et leurs grands coups. Vos notes ici :

_____

_____

_____

_____

_____

_____

_____

_____

_____

_____

Débriefons

C'est le gouvernement qui nous le dit : il faut pratiquer une activité physique régulière, au moins trente minutes par jour. Et puisqu'on ne fait pas d'omelettes sans casser des œufs, votre homme et vous vous exercez au bris de glace sous garantie. N'hésitez pas à transformer la corvée en source d'amusement. Défoulez-vous utile. Ce truc en terre glaise, offert par votre petit dernier pour la fête des Mères ? « On se marrait comme des baleines, avec Papa, quand il l'a fait glisser et… ».

Exercice n°44 • À l'hôtel du cul tourné

Après avoir vidé le vaisselier sur le carrelage, faute de munitions, vous en convenez tous les deux : il est temps d'aller se coucher… Pas question pour autant d'être aimable, il en profiterait pour avoir raison ! Là, sur l'oreiller, repassez-vous en boucle les images des assiettes ébréchées… Souvenez-vous comme vous aimiez ce petit motif fleuri… Vengeance !!!

Non, c'est non. Soyez ferme et claire en suivant ces trois consignes...

1. Découpez et coloriez en rouge, au moyen d'un feutre, le panneau suivant. Avec un morceau de ficelle, attachez-le autour de votre cou, en pendentif (ou à tout autre endroit que vous jugeriez pertinent) :

2. Le message n'est pas suffisant, et Monsieur tente une traversée de la frontière qui sépare SON côté du VÔTRE ? Pensez donc aux langues étrangères ! Un « *NEIN, SCHLAFFEN !* » bien placé devrait calmer ses ardeurs. Apprenez aussi à décliner le traditionnel « *Noli me tangere[1] !* »...

... en allemand : Rühr mich nicht an !   **... en anglais** : Do not touch me !

... en portugais : Não me toque!   **... en chinois :** 不要碰我 !

---

1. Ne me touche pas !

... en espagnol : No me toques ¡

... en italien : Non mi toccare ! (Peut resservir dans les rues de Rome)

... en norvégien : Ikke rør meg !

... en arabe : لا تلمسني !

3. Il insiste ? Sortez sa ceinture de chasteté... On ne voit plus que ça.

Débriefons

La règle number one d'un hôtel du cul tourné, c'est de NE PAS CÉDER ! Ne pensez pas à ses craquantes « fossettes de fesses ». Oubliez ses belles épaules et ses biceps gonflés. Rejetez au loin toute vision du sourire d'ange qu'il arbore, ou de sa mâchoire carrée. Ne laissez pas son odeur suave venir vous chatouiller les narines. Ce serait bien trop dommage de se faire plaisir et de terminer la soirée en beauté, n'est-ce pas ? Non, il va payer. Il va payer pour avoir osé... avoir osé quoi, déjà ?

Exercice n°45 • La réconciliation sur l'oreiller

Le mâle à vos côtés s'est résigné et ronfle en stéréo. Cependant, la première des *Dix règles pour un mariage heureux*, affichées au-dessus du lit de votre poupée Barbie et de son Ken par votre chère mère, vous hante : « *Ne pas s'endormir avant qu'une dispute ne soit résolue* ». Réveillez votre HVV pour avoir son point de vue sur la question.

Créez une ambiance propice à des ébats tantriques avec les quelques consignes ci-dessous.

1. Préparez-vous au rituel de l'alignement de vos chakras :

- Commencez par faire sonner un gong ou un bol tibétain, selon vos croyances ;

- Allumez un bâton d'encens ;

- Lancez votre CD de relaxation préféré : *Le chant de la mer vol. 1* ou *Le bercement des oiseaux feng-shui.*

2. Faites-lui passer un message coquin !

À l'aide d'un des livres de votre bibliothèque*, concoctez un code et glissez l'ouvrage et le message secret sous l'oreiller de Monsieur – qui ne dort plus depuis le coup de gong. Associez un numéro de page et une indication quant au mot choisi :

* *Les auteures vous recommandent vivement l'hridaya ou de l'avatamsaka sutra (sutras « du Cœur » et « de l'Ornementation fleurie »), plutôt qu'un SAS.*

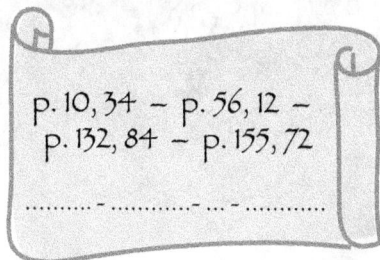

p. 10, 34 – p. 56, 12 – p. 132, 84 – p. 155, 72

.... - ....- ... - ....

3. Afin de vous ouvrir à vous-même et à l'autre, trouvez le calme intérieur, en adoptant la position du lotus. Inspirez et expirez l'air tout en le visualisant, sous forme de colonnes de couleur traversant vos organes. Ressentez intensément chaque sensation, habitez votre corps pour vous sentir plus vivants. Enfin, joignez vos mains et coloriez ensemble ce Mandala de l'Amour :

© Real Illusion

Débriefons

Ne luttez pas contre l'assoupissement — c'est énergivore. Et puis il paraît qu'on peut tout-à-fait avoir des orgasmes dans son sommeil. Vous gagnerez ainsi un temps précieux.

Exercice n°46 • Le reconduire à la frontière

Aucun exercice n'y peut plus rien : l'HVV et vous, c'est définitivement fini. Quel qu'en soit le motif (□ vous n'êtes plus amoureuse, □ vous n'êtes plus suffisamment amoureuse, □ vous le détestez carrément), ce n'est pas un moment simple, ni pour lui, ni pour vous. C'est une page de votre vie que vous allez tourner, voire tout un livre que vous refermerez. Vous voilà d'humeur suffisamment lyrique pour en faire l'annonce au principal intéressé.

Rassemblez votre courage... et vos meilleurs copains et copines.

ASPIRINE

1. Parce qu'il faut bien commencer quelque part... Postez-vous devant votre ancien HVV. Lancez-vous. Crevez l'abcès !

2. Lancez un concours de lettre de rupture parmi vos amis !

Lettre de Jean-Kévin (il devrait savoir faire, lui qui vous a quittée si facilement) :

_____

_____

_____

_____

_____

_____

_____

<u>Lettre de Nini</u> (entre deux reniflements – ça la rend si triste, cette sépara-
tion…) :

_____

_____

_____

_____

_____

_____

_____

<u>Lettre de Jean-Charles-Édouard</u> (accompagné au violon par Dédé le Barde) :

_____

_____

_____

_____

_____

_____

_____

_____

3. Si personne ne trouvait l'inspiration, on vous propose ce modèle de base. Remplissez les blancs en choisissant parmi les options !

(Mon cher) ....,

C'est avec .... (émotion / ma mère / un stylo) que je t'écris cette lettre.

Ces dernières .... (heures / semaines / années), nous avons pu le constater, ... (nos sentiments l'un pour l'autre ont tiédi / Jean-Kévin est revenu et je n'en puis plus de lui résister / tu as sauté sur tout ce qui bouge... sauf sur moi).

Le temps n'y changera rien : ....
....
(cette distance qui s'installe entre nous est irrémédiable / je le kiffe, il me kiffe, je te quitte / tu restes un sale plouc, et je suis polie). Séparons-nous.

Je voudrais te remercier et te ....
....
(remercier encore pour/dire à quel point je me contrebalance de / voir brûler vif pour) tous les moments que nous avons passés ensemble. Ils sont ....
(gravés à jamais dans ma mémoire /la cause de ton actuel désarroi / consignés dans un dossier chez mon avocat).

Je te souhaite ....
(bon courage / un joyeux anniversaire / de crever en enfer). Peut-être les liens qui existent entre nous pourront-ils un jour ....
....
(évoluer en une belle et solide amitié / se détendre, car les cordes me font mal au poignet / disparaître dans le gouffre de l'oubli).

Je t'embrasse / Je te tape sur l'épaule / Je te claque la porte au nez.

....

Prohibez :

✗ *Toute concession sur vos soi-disant défauts ;*

✗ *Toute phrase du type : « J'ai eu tort de croire que je pouvais te faire changer… » ; non ! vous aviez raison.*

Débriefons

Ça, c'est fait. Allez zou, larguez les amarres et quittez le navire ! Surtout si l'orchestre joue encore. Plongez dans le canot de sauvetage et ne vous retournez pas : le Titanic n'a pas fait dans le sentiment pour ses derniers occupants.

Exercice n°47 • Qui garde la plante verte ?

C'est donc acquis, vous vous séparez. Et comme tous les couples à qui cela arrive, vous ne parvenez pas à vous mettre d'accord sur le point essentiel. Il est pourtant de la plus haute importance, puisqu'il concerne un petit être vivant, doué de sensations, voire d'émotions, et qui vous est cher. Qui aura la garde de Poupette, votre rosier d'amour ?

Il existe des règles légales quant à l'épineux problème de la garde de rosiers. Toutefois, la prise en compte de l'avis de la plante reste primordial.

Ce que dit la loi :

« Les deux membres de l'ancien couple peuvent avoir la garde des plantes vertes au moment de la rupture, puisqu'ils sont égaux devant la loi. L'homme n'a donc pas plus le droit que la femme d'obtenir cette garde, non mais oh il se prend pour qui celui-là. » (Art. 33-B du Code de séparation des couples jardiniers).

Ce que nous apprend la jurisprudence :

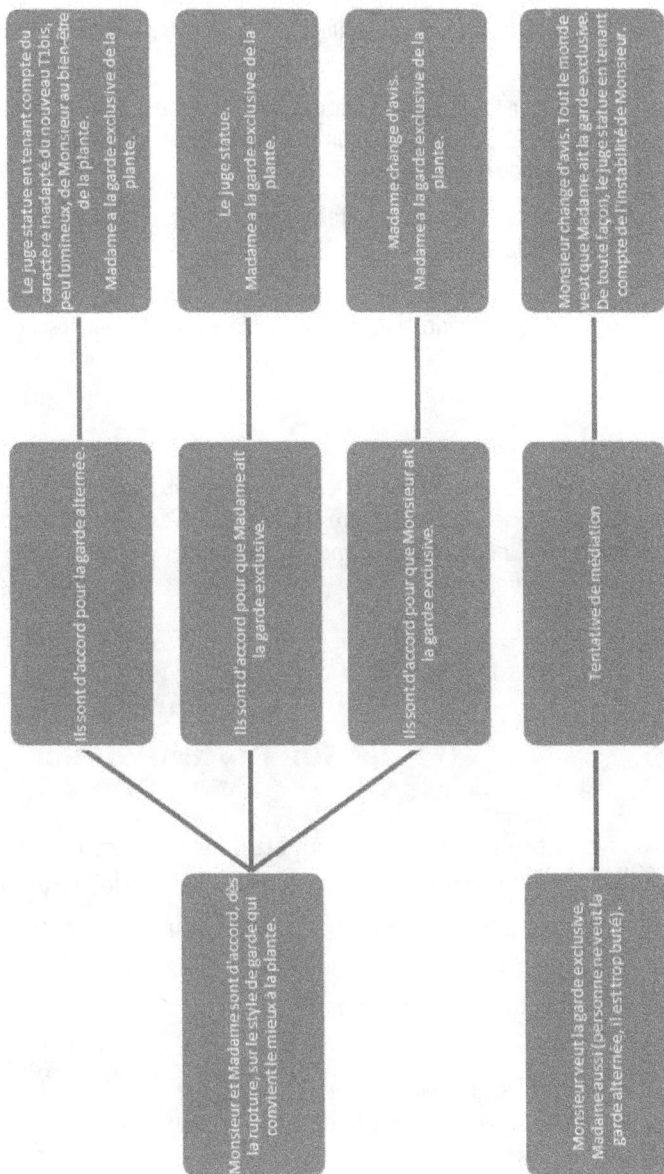

Monsieur et Madame sont d'accord, dès la rupture, sur le style de garde qui convient le mieux à la plante.

- Ils sont d'accord pour la garde alternée.
  - Le juge statue en tenant compte du caractère inadapté du nouveau T1bis, peu lumineux, de Monsieur au bien-être de la plante. Madame a la garde exclusive de la plante.
- Ils sont d'accord pour que Madame ait la garde exclusive.
  - Le juge statue. Madame a la garde exclusive de la plante.
- Ils sont d'accord pour que Monsieur ait la garde exclusive.
  - Madame change d'avis. Madame a la garde exclusive de la plante.

Monsieur veut la garde exclusive. Madame aussi (personne ne veut la garde alternée, il est trop buté).

- Tentative de médiation
  - Monsieur change d'avis. Tout le monde veut que Madame ait la garde exclusive. De toute façon, le juge statue en tenant compte de l'instabilité de Monsieur.

Concrètement :

- Il est préférable que Poupette ait son mot à dire dans cette histoire (évoquez toutes les manifestations de sa souffrance dont vous vous rappelez) ;

- La stabilité de Poupette est un facteur important (ainsi les lieux inclinés, à forte déclivité ou en plein courant d'air ne sauraient lui être imposés comme lieu de résidence) ;

- N'abandonnez pas Poupette (la relation mère-rosier est fusionnelle pour des motifs vitaux évidents) ;

- Dans la mesure du possible, ne séparez pas Poupette de sa fratrie (le jacuzzi, le frigo américain et la décapotable, dont elle a un besoin crucial pour survivre).

Débriefons

Poupette est l'enjeu central de cette séparation. Évidemment, son bien-être reste le premier critère de décision. C'est l'occasion pour votre EX-HVV de montrer – une fois dans sa vie – qu'il n'est ni égoïste ni rancunier.

Exercice n°48 • Ouvrir les chakras de son porte-monnaie

Vous avez obtenu la garde de Poupette. Et celle des enfants : au mieux, trois d'entre eux, dans le pire des cas les cinq, les PP ne pouvant pas être confiés à Nicole, leur pochtronne de mère... Et tout ce petit monde mange, s'habille, bref vous coûte un bras. Les deux, même.

Votre EX–HVV est banquier ou trader ? Appâtez–le en lui annonçant qu'il peut faire fortune sur un coup de dé...

... et ruinez-le en jouant à une version un peu spéciale du Monopoly® : munissez-vous de papier, stylos, ciseaux, et étiquetez en lieu et place de la rue de la Paix et autres stations gagnantes des cases perdantes pour votre ex.

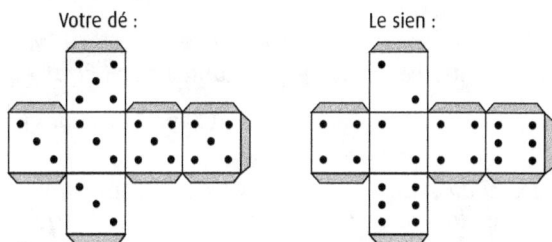

Votre dé :   Le sien :

Débriefons

Il va directement en prison, ne passe jamais par la case « Départ ». Vous oui. Vous connaissez la suite.

Exercice n°49 • L'art d'être un(e) EX.

La chanson résume bien l'histoire : vous voilà repartis, chacun de votre côté, dans « *l'tourbillon d'la vie* ». Mais vous partagez encore quelques amis, quelques enfants, et un rosier nommé Poupette : bref, vous allez vous revoir. Depuis qu'il parade avec une vingtenaire au bras, vous vous demandez lequel de vous deux est l'EX de l'autre.

Invoquez ces quelques phrases d'auteurs, comme des mantras.

À afficher partout, au bureau, dans la voiture, dans les toilettes, à recopier cent fois dans vos carnets de brouillon – il doit bien y rester un peu de place ?

Astuce ! Cherchez l'intrus. Rayez-le : c'est mauvais pour la santé.

« On rencontre peu d'ex[-aequo] contents de l'être. »

(Ylipe, *Sexes sans parole*)

« Le secret du changement consiste à concentrer son énergie pour créer du nouveau, et non pas pour se battre contre l'ancien. »

(Dan Millman, *Le Guerrier pacifique*)

« Avec de la vodka, un cafard ça passe tout seul. »

(Nicolas Cage, *Première*, septembre 1997)

« Les hommes sont toujours entre une ex et une future, car le présent ne les intéresse pas. »

(Frédéric Beigbeder, *L'Égoïste romantique*)

« Ancien libraire, ancien boucher, ancien coiffeur, ça veut rien dire : être un ancien quelque chose, c'est forcément devenir un nouveau quelqu'un ! »

(Daniel Pennac, *La Fée carabine*)

Notre chouchoute :
« L'important dans le divorce, c'est ce qui le suit. »

(Hervé Bazin, *Madame Ex*)

Débriefons

Ce que les grands écrivains (comme les plus petits) ont à dire sur la séparation peut être une source de grand réconfort. À consommer sans modération (enfin, sauf pour la vodka, donc).

Exercice n° 50 • Re-sucette ? / On reste amis ?

Visiblement attiré par les pochtronnes, l'EX, votre HVV – on ne sait plus – a refait surface. Il doit bien y avoir une raison valable pour que vous l'ayez quitté ? En même temps, c'est dans les vieux pots qu'on fait les meilleures soupes. Vous êtes perdue : vous en reprendrez bien un peu, ou pas ?

Pour noyer vos doutes (symboliquement, pas dans la vodka), répondez à ce questionnaire :

La rupture, ça s'est passé...					
✱	Pas très bien : on a sorti l'autre de ses pensées, mais pas tout à fait.	✖	Plutôt bien : on a sorti la tronçonneuse, tout ça, on s'est bien amusé.	♌	Plutôt bien : on a sorti le champagne, tout ça, on s'est bien amusé.

La reconquête, elle vous semble...					
✖	Facile : ça sera la Blitzkrieg, les chars d'assaut, les tapis de bombes. Une seule cible : sa tête !	♌	Facile : en fait, vous n'aviez jamais réellement fait sécession.	✱	Compliquée : le terrain est accidenté, le sous-sol miné, mais il faut redessiner la frontière pour le bien des populations locales.

... /...

La raison, fondamentale, de votre séparation, c'était...		
♌ Lui : son ex, ses sourires, ses gosses, son odeur, sa mère rousse, son lapin... tout était trop parfait et trop chiant à la fois.	✣ Lui : ses sourires à son ex, le coup du lapin qu'ont subi vos gosses (oui, Camille et Madeleine ont eu un accident dans sa voiture), son odeur de m...e roussie...	★ La relation : vous n'avez pas su protéger votre intimité des parents, des enfants, des ex, ni-même du rosier.
Ce qu'il vous reprochait, c'était... :		
✣ D'avoir été dans le lit de Jean-Kév' au moment de l'accident.	★ Des petits détails agaçants au quotidien : ne pas l'écouter, n'en faire qu'à votre tête, ne pas l'écouter, aussi.	♌ Rien. Ah si : d'être une femme. Il lorgne désormais sur Jean-Kév'.
S'il fallait recommencer, évidemment, les efforts reviendraient en premier lieu...		
★ Aux gens qui vous entourent. Et à votre psychiatre.	♌ À lui. Et au coiffeur du coin. Au boucher aussi : vous avez du lapin en rab(le) ?	✣ À lui. Et au chirurgien, pour qu'il recolle les morceaux. Surtout les siens.
Allez. Vous l'aimez ?		
♌ Oui, oui. Il reste du lapin ?	✣ Oui, oui. Comme sculpture d'art contemporain, ça fera l'affaire.	★ Oui.

Majorité de ♌

Vous n'êtes qu'amis. Et reconnaissez-le : ça vous arrange bien comme ça. Certes, votre EX-HVV aura toujours sa place sur votre canapé, dans les dîners de famille et dans votre album photo. Mais il a ce petit goût de réchauffé, et finalement, c'est pas vraiment meilleur le lendemain.

Majorité de ✄

Ad vitam æternam, vous serez ennemis. Et là, on voit mal comment il pourrait en être autrement. Comme le dit si justement Nini qui-est-toujours-pucelle-à-quarante-ans, « retourner avec son ex c'est comme ravaler sa bile ». Oubliez-le. Prenez soin de vous.

Majorité de ✳

Belotte, re-belotte et dix de der. C'est reparti pour un tour de manège gratuit. Rendez-vous en page 1 ! Et suivez RÉELLEMENT nos conseils, cette fois-ci, si vous voulez pouvoir éduquer et GARDER votre HVV.

CHUTE :
(Conclusion Hautement Utile à Tou(tE)s)

Madame (/Monsieur), souvenez-vous. Il y a quelques semaines encore, vous viviez dans la détresse. À vos côtés régnait cet Autre : un mâle. Vous aviez peut-être même sombré dans ☐ l'incompréhension, ☐ la rancœur, ☐ la dépression *post-partum*. Dans la tyrannie sûrement, de cette tyrannie qui pèse aujourd'hui sur tous les couples : être aussi beaux, épanouis et lestés de marmaille que les Brangelina (*there is no alternative*).

Puis cet ouvrage ☐ est tombé du ciel, ☐ vous a été vendu de force, ☐ vous a été offert pour l'achat d'un baril de lessive. Vous avez alors mis en œuvre le PÉH (Plan d'Éducation de l'Homme). Comme votre HVV quand il sort du petit coin, vous avez suivi à la trace nos conseils, issus de longues années d'expérience, d'une solide pratique et d'un habile mélange entre bon sens et mauvais goût.

Aujourd'hui, vous relevez enfin la tête ! À part la raison de sa présence sur terre, l'homme n'a plus aucun secret pour vous. Vous avez su le transformer en amant romantique et insatiable, en compagnon aimable et attentif, en créature confiante et généreuse. De plus, il passe la serpillière et repasse les plats. Vos disputes sont devenues des parties de plaisir puisqu'on en connaît l'issue.

Mais non, ne nous remerciez pas.

Considérez plutôt le chemin parcouru. Monsieur a changé. Monsieur est à vos petits soins. Monsieur, en ne laissant plus traîner ☐ ses chaussettes, ☐ ses canettes de bière, ☐ ses enfants à la sortie de l'école, a libéré la bonne qui s'éreintait en vous.

Oui, mais alors, vous ? Oui, vous Madame (/Monsieur), qui avez tant appris, intégré, évolué. Vous qui avez sué et fait suer pour en arriver là. Vous qui vous brossez deux cents fois le postiche en attendant que le dîner soit prêt : *quid* de votre désœuvrement ? À qui, diantre, allez-vous bien pouvoir consacrer tout ce temps libre, désormais ?

On vous le disait, ne nous remerciez pas.

Les auteures

Tonnie Soprano est spécialiste en TOUT (Thérapie pour l'hOmme Universelle et Totale). Née au cours de l'hiver le plus froid du siècle dernier, elle entreprend très tôt de mettre à profit sa dureté de caractère pour établir une méthode de « man coaching ». On peut affirmer sans exagérer que plus elle connaît l'homme, plus elle aime son chat.

Depuis plus de 20 ans, **Billie Alto** étudie les comportements de l'Homme en milieu naturel. Spécialisée dans les mœurs de l'Honorus Domesticus et de l'Hibernatus Serpillerus, elle intervient régulièrement dans des colloques internationaux visant à établir le remplacement des ressources fossiles par des ressources humaines. Sous un pseudo et dans une autre vie, Billie Alto est aussi écrivain.

www.ingramcontent.com/pod-product-compliance
Lightning Source LLC
Chambersburg PA
CBHW050352280326
41933CB00010BA/1437